AF469564

ESSAY
SUR
LA MARINE
ET SUR
LE COMMERCE.

Non ille pro caris amicis
Aut patriâ timidus perire.

Hor. Carm. l. 4.

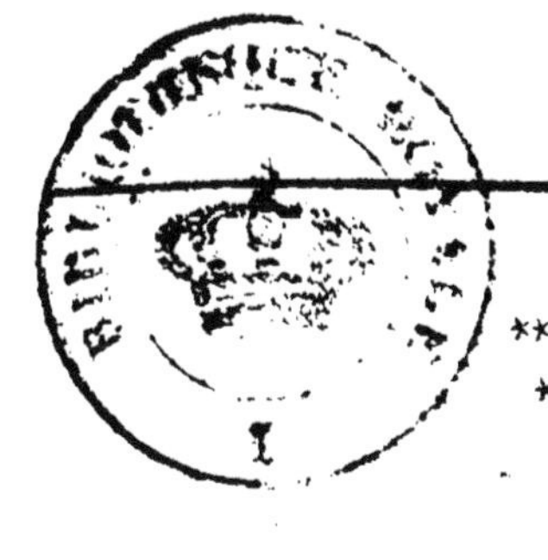

```
***********
*********
*******
*****
****
**
```

MDCCXLIII.

Pompeii omne consilium Themistocleum est. Existimat enim, qui mare teneat, eum necesse rerum potiri.

Cic. ad Atticum Epist. lib. 10.

ESSAI
SUR
LA MARINE
ET SUR
LE COMMERCE.

A M^r. le C. de B. C. M...

 L feroit à fouhaiter, MON-
SIEUR , que nous euſſions
une Hiſtoire exacte &
circonſtanciée de notre
Marine, une Hiſtoire où
les faits fuſſent rapportés
dans une certaine étendue. Elle auroit
deux prérogatives : l'une de faire connoître un corps militaire dont la capacité, le courage, la conduite hardie, beaucoup d'actions éclatantes, honorent infiniment la Nation ; l'autre de montrer à
tous ceux qui occupent les premieres places , combien la Marine eſt néceſſaire à

A 2

un

un grand Royaume tel que la France, puissant par lui-même & entouré de voisins superbes & jaloux de sa gloire, à un Royaume, dis-je, situé de la maniére la plus avantageuse pour se procurer le commerce de tout l'Univers.

En regardant la Marine de ce point de vuë, Monsieur, je ne puis m'empêcher de vous dire que c'est la colonne, le soûtien de l'Etat, & que tant qu'elle sera nombreuse & bien gouvernée, qu'elle imposera à tous les peuples maritimes de l'Europe, l'Etat sera lui-même en sûreté & n'aura rien à craindre. Permettez-moi, pour vous faire entendre ma pensée, de me servir des expressions fortes de l'Auteur du *Franc & véritable Discours à Henri IV.* ,, La magnanimité, lui disoit- ,, il, la générosité d'un grand Roi ne se ,, trouve pas seulement à la guerre, au front ,, d'une fiére bataille, animant sa noblef- ,, se, tout couvert de panaches pour se ,, faire remarquer à ses ennemis, défiant ,, leur audace & leur forêt de lances qu'il ,, s'en va foudroyer : mais elle paroît da- ,, vantage aux délibérations des grandes &
,, im-

» importantes affaires de son Etat, à celles
» qui regardent sa sécurité. La prudence
» y doit reluire ; mais il faut chasser arrié-
» re toute peur ... Elle est indigne de
» vous... Voyez, SIRE, ce qui est juste,
» ce qui est utile à vous, à votre posté-
» rité, à votre Etat... N'ayez d'autre
» visée.

On peut attendre tous ces avantages
de la Marine. Mais il est nécessaire, MON-
SIEUR, que son Histoire soit composée par
un homme du métier, qui ait du cœur
& des sentimens, non par un Prêtre ou
(a) par un Moine, gens qui d'ordinaire
ne parlent que d'après ceux qui les employent, ou d'après les passions basses &
grossiéres qui les occupent. Il faut de plus
que cette Histoire soit exactement vraye,

A 2

qu'elle

(a) Le Pere DANIEL a parlé de la Marine, à la fin
de son Traité *de la Milice Françoise* : mais rien n'est plus
superficiel que ce qu'il en dit. Le Pere FOURNIER a
donné dans le sixiéme Livre de son *Hydrographie*, des
Mémoires sur la Marine, qui sont très-vagues & très-
mal détaillés. Un Capucin a fait l'Histoire de Roche-
fort. Quelle Histoire ! *Dii magni ! horribilem & sacrum
Libellum !*

qu'elle raconte fans artifice & fans détour les bonnes & les mauvaifes actions des Officiers généraux qui ont commandé des Efcadres & des Flottes, qu'elle applaudiffe à ceux qui ont noblement réüffi, & qu'en même tems elle blâme ceux qui ont manqué de tere, où fe font retirés avec lâcheté, qu'elle excite enfin la jeune Nobleffe à fervir utilement la Patrie & à prodiguer pour elle tout fon fang.

En attendant, Monsieur, que paroiffe une Hiftoire qui réüniffe toutes ces conditions (car je n'oferois croire que celle que j'ai déja fort avancée, foit affez heureufe pour cela,) j'ai l'honneur de vous envoyer un *Effai fur la Marine & fur le Commerce*. Tout ce que j'y rapporte, tout ce que j'y propofe eft fondé fur ma propre expérience, ou emprunté d'un petit nombre d'Auteurs, dont vous démêlerez fans peine le génie & la pénétration : qualités dont je ferois peu de cas, fi elles n'étoient jointes à l'amour fi rare de la vérité & au talent plus rare encore de la dire avec hardieffe.

A la fuite de ces Auteurs, prefque
tous

tous hommes d'Etat, j'avance les quatre propofitions fuivantes, & j'employe pour les prouver, tantôt des raifonnemens fuivis, tantôt des traits d'hiftoire, tantôt des loüanges & des cenfures mêlées à propos. Ce dernier genre de preuves a quelque chofe de plus vif & de plus frappant, que tous les autres.

La premiére propofition, c'eft que tous les peuples anciens qui ont voulu remplir l'Univers du bruit de leur nom, & fe diftinguer par-deffus les autres, ont cultivé la Marine, & que plus ils l'ont cultivée, plus ils ont acquis de puiffance & d'autorité. THEMISTOCLE parmi les Grecs, & POMPE'E chez les Romains, difoient à haute voix : *Quiconque veut dominer fur la terre, doit commencer par dominer fur la mer.*

La feconde, que depuis le commencement de la Monarchie, on a reconnu en France, l'utilité de la Marine, non-feulement fous les régnes un peu éclairés, mais encore au milieu de ces révolutions dont elle a été quelquefois agitée; que nos plus grands Rois ont cherché à s'en procurer

A 4

une,

une , & que nos plus judicieux Miniftres les y ont aidés de tous leurs foins & de toute leur induftrie. Mais divers obftacles s'y étoient oppofés tour à tour. L'honneur de l'établiffement de la Marine fembloit être dû au Cardinal de RICHELIEU, & fa perfection à LOUIS XIV. fecondé du grand COLBERT, que les Sciences, les Arts de génie , les Manufactures regardent comme leur créateur.

La troifiéme, que de tous les Royaumes de l'Europe , la France eft d'abord celui qui a le plus de reffources & de commodités pour faire fleurir la marine ; qu'il eft encore celui qui par la longue étenduë de fes côtes , par fes différens ports & fes différens havres , en a le plus de befoin. *Et c'eft un de mes anciens regrets* , difoit le Cardinal d'OSSAT , *& un des plus notables & honteux manquemens du premier Royaume de Chretienté , flanqué des deux mers , & fitué par la Nature au plus beau & avantageux endroit de l'Europe , pour faire, & pour aider & empêcher toutes grandes entreprifes , tant par mer , que par terre: c'eft , dis-je , un de mes anciens regrets*

de

de voir que ce Royaume se manque à lui-
même.

La derniére enfin , que la Marine soû-
tenuë par l'autorité Royale doit servir à
proteger le commerce, à l'étendre, à lui
donner chaque jour de nouveaux accroif-
femens, & que le commerce doit servir
à introduire l'abondance & toute forte de
richeffes dans le Royaume, à le rendre auffi
puiffant qu'il peut être. *Jamais* , difoit
Maximilien de Bethune Duc de SULLY , *ja-*
mais les Rois de France aidés du peuple
guerrier & courageux que Dieu a commis
fous leur domination , ne fe réfoudront à
conftituer leurs principaux plaifirs en la
feule augmentation de leur grandeur , com-
merce , réputation & manutention de la
feule Monarchie Françoife non litigieufe ,
qu'ils ne deviennent fans difficulté les feuls
arbitres de la Chrétienté, & ne donnent ab-
folument la loy à leurs voifins par leur pru-
dence & auffi douce affociation.

En m'efforçant de prouver ces quatre
points, MONSIEUR, j'efpere que s'il m'é-
chappe quelque chofe d'un peu libre &
d'un peu hardi , vous voudrez bien me le

A 5　　　　par-

pardonner. L'amour de la patrie (*b*) est le seul motif qui me guide : cet amour qui faisoit le caractére des anciens Romains, exclud les ames foibles & superstitieuses. Quelqu'un cherchant à aigrir l'esprit de Henri IV. contre l'Auteur du Livre intitulé, *Description de l'Isle des hermaphrodites nouvellement découverte* &c. où beaucoup de secrets étoient révélés, ce Prince lui répondit : *je ferois conscience de fâcher un homme pour avoir dit la vérité.* Que notre siécle seroit heureux, si l'on suivoit fidélement la maxime de Henri IV !

____

(b) *Sunt domesticæ fortitudines, non inferiores militaribus.* Cic. Offici. lib. I.

PREMIE'RE PARTIE.

ON doit rapporter l'origine & les commencemens de la Navigation aux Egyptiens , & aux Phéniciens. Les premiers enorgueillis des richeſſes naturelles d'un vaſte pays, fiers de leur courage & de leur adreſſe dans le manîment des Armes , gouvernés par des Rois qui étoient ou des Héros , ou des Légiſlateurs, ne cherchoient qu'à porter leur Monarchie au plus haut degré de perfection. Ils examinoient attentivement les choſes qu'ils vouloient établir : mais dès qu'ils les avoient établies & jugé utiles, ils ne les changeoient point par caprice ou par inconſtance. Ils aimoient de plus à ſe répandre au milieu des plaiſirs, & à ſe procurer une foule de voluptés étrangéres : voluptés où ils mêloient toujours quelque choſe de particulier qui les diſtinguoit. Les divers Royaumes qu'ils ſubjuguérent en aſſez peu de tems , les eſclaves qu'ils amenoient de toutes parts , un deſir curieux de s'immortalifer

lifer , tout cela leur fit entreprendre des ouvrages extraordinaires : & ce qui met les peuples anciens fort au-deſſus des modernes , les leur fit achever. Le principal commerce qui attachoit les Egyptiens , & auquel chacun pouvoit librement s'intéreſſer , étoit celui d'Orient par la mer rouge. Et comme une infinité de canaux entrecoupoit l'Egypte & facilitoit la communication des grandes villes , devenuës par ce moyen acceſſibles & preſque de niveau les unes aux autres , le pays ſe fertiliſoit en peu de tems , & à peu de frais : deux avantages qui ſoûtiennent & font vivre le commerce. Par l'un , les marchandiſes ne courent point riſque de s'altérer ni de dépérir : par l'autre, elles ont un débit d'autant plus ſûr que tout le monde y prend part, que chacun peut s'en fournir aiſément.

Il n'y a point de Nation qui ait ſi bien ſçû que les Egyptiens , profiter de tous les avantages & de toutes les commodités , que préſente une grande riviére Ils avoient par-tout creuſé des canaux que le Nil rempliſſoit dans le tems de ſon inon-

da-

dation , & qui hâtoient le transport des marchandises les plus précieuses, & des denrées nécessaires à la vie. On ne voyoit aussi par tout que bâtimens plats & que radeaux, qui alloient jusques dans les carriéres chercher les Obelisques & les autres ouvrages de Sculpture, qu'on y avoit taillés. Ce qui augmente le prix des choses , ce qui les rencherit, ce sont les voitures par terre, dont les longueurs & les difficultés absorbent souvent la valeur intrinséque de ces choses mêmes. On l'éprouve continuellement en France, où les grands chemins sont si mal faits, si mal entretenus, si mal réparés, tant par la faute des Ingénieurs qui en ont le soin , que par celle des Intendans de Province qui n'y veillent point d'assez près , malgré les corvées dont ils surchagent les villages voisins , & les contributions qu'ils en·retirent, & qui apparemment s'employent à d'autres usages.

Si les Chinois sont véritablement Egyptiens d'origine , comme le conjecturent quelques Sçavans , & ce qui prévaut aux Sçavans,quelques hommes d'esprit, on peut
dire

dire qu'ils ne démentent point leurs Ancêtres, que même ils les furpaffent de beaucoup. En effet, ils ont rendu, pour ainfi dire, tout leur pays navigable & d'un accès facile, en tirant des canaux de communication d'une riviére à l'autre, & en ménageant ces canaux avec tant d'induftrie, qu'il n'y a prefque aucune Ville ni même aucun Village où l'on ne puiffe aller commodément, & par bateau. On voit d'ailleurs fur ces riviéres un peuple immenfe, aétif, vivant de peu, qui ne s'étudie qu'au commerce, & qui rarement defcend à terre. Et comme tout ce peuple n'a que des bateaux diverfement figurés pour domaine & pour habitation, il arrive fouvent que ces bateaux fe réuniffent & qu'ils forment des efpéces de Villes, que les Chinois, attachés à une forte de fymmétrie, nomment Villes d'eau. Par leur moyen, toute la Nation eft, pour ainfi dire, mife en mouvement; elle voyage, elle évite la pareffe & l'oifiveté; elle ne trouve rien de difficile, dès qu'il fe préfente quelque profit à faire, ou quelque honneur à acquérir. Auffi le gouvernement de la Chine eft-il le plus

par-

parfait de tous ceux qu'on connoît aujour-
d'hui, le plus fage, le moins tyrannique,
le plus favorable au mérite & aux talens qui
ofent paroître, celui en un mot où l'on
travaille davantage à maintenir l'ordre public, à affurer la tranquillité & la fortune
de chaque particulier.

Pour ce qui regarde les Phéniciens, on
doit être furpris du degré de puiffance où
ils parvinrent fi rapidement, quand on
fonge qu'ils n'occupoient qu'une lifiére
fur la côte d'Afie, & qu'ils étoient envi-
ronnés de Nations fortes & belliqueufes,
qui ne leur permettoient point de s'étendre. Mais cela même accrût leur hardieffe
& leur envie de paroître, & les porta à
chercher fur la mer un empire nouveau,
& dont ils ne fuffent redevables qu'à leur
feul courage. Pleins de ces idées, ils pro-
fiterent habilement de tous les ports & de
tous les havres qu'ils avoient fur leurs côtes, & qui les dédommageoient avec ufure
des bornes étroites de leur patrie. Cette
application conftante aux chofes de la Marine les a fait paffer dans l'Antiquité pour
les inventeurs de l'Arithmétique & de l'Af-
tro-

tronomie, & encore pour ceux qui ont donné au commerce une forme fenfée & judicieufe, en l'épurant de toutes les fraudes & de tous les déguifemens qui pouvoient l'altérer & le corrompre, en exerçant la double fonction de Guerriers & de Négocians.

Une autre loüange que méritent les Phéniciens, c'eft qu'ils ont entrepris de longues & de périlleufes Navigations, fans avoir perfonne devant eux qui les guidât, perfonne qui leur tendit la main. On ne fçauroit croire quel cas faifoient les Anciens de ces hommes hardis & curieux, qui avoient beaucoup voyagé, tant par mer, que par terre, & qui rapportoient de leurs voyages milles chofes rares & intéreffantes, la connoiffance d'un monde nouveau. L'hiftoire fabuleufe ne manquoit point auffi-tôt de dire qu'ils étoient defcendus aux Enfers, & qu'ils avoient arraché les fecrets des Dieux infernaux. Telles furent les Rélations qu'on fit courir fur le compte d'Hercule, de Théfée & de Firithoüs : Rélations que tous les grands Poëtes ont adoptées, fans trop fçavoir

peut-

peut-être ce qui les auroit occafionnées. Si les Modernes fe fentoient le même goût pour les fictions, quel lieu n'auroient-ils pas de vanter ceux qui depuis le feiziéme fiécle, ont parcouru les mers les plus éloignées & ont prefque fait le tour du monde ; un Ferdinand Magalhacus, appellé communément Magellan, un Chevalier François Drack, un Chevalier Thomas Cavendish, un Olivier Van-Noorth, enfin un Sebaftien Cano, que l'Empereur Charles V. récompenfa d'une maniére fi brillante, en lui donnant pour Armes un globe terreftre avec ces mots ; *Primus me* (c) *circumdedifti ?* Ces illuftres Navigateurs n'auroient-ils point été transformés en autant de Bacchus ou d'Hercules, en autant d'Argonautes ou de Tyndarides ?

Il y a apparence que le féjour forcé que

fit

(c) On a remarqué qu'au lieu de *circumdedifti*, il devroit y avoir *circumvifti* ou *circumnavigafti* : mais tant d'exactitude ne convenoit point à un fi puiffant Empereur. Le Muficien qu'Alexandre le Grand vouloit reprendre fur quelques fineffes de fon Art, lui répondit en riant. A Dieu ne plaife que vous fçachiez ces chofes-là mieux que moi !

B

fit le peuple de Dieu parmi les Egyptiens, lui infpira du penchant pour la navigation, & que ce penchant s'accrût encore par le voifinage de Tyr & de la Phénicie. Car avec du goût & une forte envie de réuffir, on ne manque point de s'approprier les établiffemens utiles qu'on remarque chez fes voifins, & qui leur procurent des diftinctions flateufes. Et c'eft en cela principalement que la jaloufie me paroît louable, qu'elle devient même une vertu. Les flottes de Salomon qui alloient à Ophir & à Tharfis, en rapportoient des richeffes immenfes, des meubles, des ouvrages d'yvoire, des curiofités inconnues dans la Judée, & fur-tout beaucoup d'or. Aucun Prince, quelque puiffant & quelque riche qu'il ait été, n'a jamais raffemblé autant de ce métal précieux que Salomon, (un feul voyage lui ayant valu quatre cens cinquante talens d'or,) & n'a porté la magnificence au point où elle étoit fous fon régne. Il feroit inutile d'entrer ici dans un détail épineux de critique, pour trouver quelle étoit la véritable fituafion d'Ophir & de Tharfis. Quelques Modernes s'imaginent que ces deux noms

en

en général signifient les deux parties de l'Amérique que sépare l'Isthme de Darien, & que le Roi Juif avoit été le précurseur de Christophle Colomb. Mais cette opinion n'a pas même ce qu'il lui faut de vraisemblance, pour mériter d'être combattue. Tous les autres sentimens se peuvent réduire à deux.

Le premier est celui de M. *Huet*, Evêque d'Avranches, qui a tâché de prouver, dans un long & pénible Discours, que les richesses de Salomon venoient de la côte Orientale d'Afrique, & sur-tout du pays de Soffala, très-fertile en yvoire & en mines d'or. Le second veut qu'on aille chercher dans les Indes, entre les deux presqu'Isles du Gange, Ophir & Tharsis : & ce qui rend ce sentiment le plus vraisemblable, c'est que tous les Auteurs prophanes conviennent, qu'il n'y avoit point autrefois de Commerce plus riche ni plus étendu, que le Commerce qui se faisoit aux Indes, soit par la mer Rouge & le détroit de Babelmandel, soit par le golfe d'Arabie. On y trouvoit toutes les marchandises dont les Navires de Salomon revenoient chargés, & on les y

trou-

trouvoit en abondance, non-feulement par la nature & la fertilité du pays, mais encore par la généroſité des habitans, qui ſe piquoient de prévenir tous les étrangers, & qui les attiroient obligeamment, en ſçachant perdre à propos pour gagner enſuite davantage. Quoiqu'il en ſoit cependant de ces diverſes conjectures, il me ſuffit ici de faire obſerver combien ce Prince tira d'avantages de la Navigation, combien il ſçût agrandir & fortifier les ports d'Elath & d'Eſiongeber ſi heureuſement ſitués ſur la mer Rouge, avec quelle adreſſe enfin & quels ménagemens il fit paſſer dans ces états une opulence qui ſeroit même aujourd'hui inconcevable. Tout cela lui fut néceſſaire pour achever les ſuperbes bâtimens qu'il deſtinoit à la Religion, & pour les parer de toutes les connoiſſances que l'Architecture avoit alors acquiſes, pour les orner de toutes les beautés que des mains mortelles pouvoient leur procurer.

Les Indes Orientales, pays le plus peuplé qui ſoit au monde après la Chine, furent long-tems l'objet de toutes les courſes qu'entreprenoient les Anciens, de tout

le

le commerce qui les occupoit. Et quel commerce pouvoit être plus utilement exercé , que celui dont profitoient d'une maniére presque égale & les vendeurs & les acheteurs! Les peuples attirés y couroient à l'envi les uns des autres , & à proportion de l'impatience , ou du talent qu'ils avoient de s'enrichir : & comme il paroît par le Periple de la mer Rouge d'*Arrien* , par plusieurs remarques de *Pline* , de *Solin* & de *Philostrate* , aucune route n'étoit alors ni plus connuë ni plus fréquentée. D'ailleurs , les Indes Orientales offroient les plus habiles & les plus industrieux de tous les Négocians, tels qu'ils font encore aujourd'hui , tant pour connoître la valeur intrinséque de l'or & de l'argent , qu'ils regardent plûtôt comme marchandise, que comme monnoye , que pour faire toute forte de calculs & presque en un clin-d'œil. Cependant un commerce si distingué s'affoiblit & diminua peu à peu , il vint même à s'éteindre tout-à-fait : & ce furent les Ptolomées , avides de gloire & de puissance , qui les renouvellerent dans la fuite. Les marchands d'Alexandrie s'en faisirent aussi-tôt , & y envoyérent

B 3   cha-

chaque année des flottes confidérables.
Ces marchands étoient très-adroits , &
très - fertiles en expédiens : ils fçavoient
profiter de toutes les circonftances , qu'offre un hazard heureux. Les occafions de
gain ménagées avec foin , & qui reviennent chaque jour, les obftacles du tranfport
vaincus à propos , les correfpondances
multipliées , font , pour ainfi dire, l'ame
du commerce, & principalement du commerce maritime.

Sur les débris de l'ancienne ville de Tyr,
& appuyée des inftructions données par
les Phéniciens , s'éleva Carthage , cette
rivale de Rome fi fiére & qui lui difputa
fi long-tems l'empire du monde. Rien ne
fut plus prompt ni plus rapide que fes progrès fur mer , & ce qui en eft ordinairement la fuite , que fon luxe & fon audace. Vers la fin de la feconde guerre Punique , Carthage comptoit dans fes murs
700. 000. habitans, & plus de 300. villes en Afrique , même dont elle étoit la
Métropole. Elle avoit envoyé des Colonies en Efpagne , en Sicile , en Sardaigne ;
Colonies qui y étoient devenuës auffi
nombreufes que puiffantes. Ses vaiffeaux
ref-

refpectés en tous lieux, faifoient tous les jours des conquêtes nouvelles, & on croit même qu'ils pénétrérent jufques dans l'Amérique. Si ce fait eft certain, comme d'habiles gens l'ont penfé, il y a apparence que les Carthaginois ne voulurent point profiter d'une pareille découverte, de peur qu'on ne vint à quitter l'ancienne patrie pour une nouvelle, perfuadés d'ailleurs que la puiffance ne s'accroît point toutes les fois qu'elle s'étend. Mais auffi leur défiance & leur politique les portérent unanimement à n'en point faire part aux autres nations. Peut-être que les Efpagnols fe feroient bien trouvés d'avoir fuivi une fi fage conduite, qui fupofe que la principale force doit être toûjours dans le lieu de la principale domination. Ils n'auroient point, comme ils ont fait, dépeuplé leur pays, éparpillé des hommes (d) dont la fûreté dépendoit

doit

(d) Une obfervation importante qu'on a faite en Efpagne, c'eft qu'avant le régne de Ferdinand & d'Ifabelle, un fimple ouvrier, un portefaix, ne gagnoit que cinq fols par jour : il en gagne aujourd'hui trente pour le moins. Mais comme les denrées ne font point augmen-

 tées

doit de leur union : & pour acquérir une opulence imaginaire, en fouillant les mines & y cherchant des métaux dont l'avarice ne se rassasie jamais, ils n'auroient point négligé celle que la nature leur offroit chez eux, & à moins de frais. Nos anciens Jurisconsultes avoient raison de dire que *qui acquiert pays, & non force, se ruine, d'autant que ce pays acquis ne lui donne point d'hommes.*

L'utilité de la navigation étoit trop palpable & trop propre à frapper des esprits attentifs, pour échapper aux Grecs. Ce peuple si industrieux, & qui sçavoit si bien s'approprier les inventions d'autrui, ne pouvoit manquer de chercher à dominer sur la mer. On sçait quel grand nombre de vaisseaux la Gréce unie & animée à une vengeance commune, envoya contre Troye, & combien dès-lors elle étoit puissante tant par mer que par terre, combien elle étoit jalouse de ses droits, & inca-

---

tées à proportion, il arrive de-là que le prix d'une seule journée donne de quoi vivre pendant trois ou quatre : ce qui entretient le menu peuple dans l'indolence & la paresse.

capable de fouffrir une injure. Sans doute que par le privilége que lui donnoit la
Poëfie , *Homere* a furfait & exagéré ;
mais du moins eft-il certain que dans leur
origine même , les Grecs bâtiffoient des
vaiffeaux & fçavoient l'art de les conduire. A mefure que leur autorité croiffoit ,
qu'ils devenoient plus forts & plus expérimentés dans la fcience du Gouvernement, ils s'appliquoient auffi avec plus d'ardeur & de vivacité aux chofes de la Marine. C'étoit parmi eux un mérite géné-
ralement répandu , & ils eurent plus d'u-
ne fois le bonheur de diffiper ces flottes
nombreufes qui couvroient les mers , &
qui fe flattoient d'enchaîner les vents &
les flots. Vainement la Perfe s'épuifoit-el-
le en hommes & en navires, elle fut toujours repouffée de la maniére la plus def-
honorante , jufqu'à ce que Cimon , Général de la flotte des Athéniens , impofa
au Grand Roi après une victoire fignalée ,
la dure condition d'abandonner toutes
les mers où navigeoient les Grecs, & de
ne point approcher de leurs côtes plus près
de trois journées. C'étoit-là agir avec hauteur , & parler d'un ton de maître.

B 5　　On

On juge bien que vifs & entreprenans comme étoient les Grecs, ils n'omirent rien pour se conserver une juste supériorité sur mer : supériorité qui les touchoit infiniment, & qui portoit leur réputation dans les pays les plus reculés. Des hommes si opiniâtres, si prévenus en leur faveur, aimoient encore plus à se faire connoître & à se faire admirer, qu'à s'acquérir des sujets.

Un siécle avant la naissance d'Alexandre le Grand, Athénes & Lacédémone se disputérent l'Empire des mers Egée & Jonienne. Ces deux rivales, de mœurs & de coûtumes si différentes, l'une remarquable par sa politesse & son luxe, l'autre par la sévérité de sa discipline ; l'une qu'on aimoit davantage, & l'autre qu'on étoit forcé d'admirer, coururent souvent aux armes. Après des avantages & des pertes réciproques, Lacédémone prit cent quatre-vingt navires à son ennemie, l'assiégea dans les formes, & la contraignit de se rendre à discrétion. Athénes fut ainsi humiliée, & non abbatuë : elle rendit à Sparte dans la suite les mêmes rigueurs qu'elle en avoit reçûës.

Phi-

Philippe, Roi de Macédoine , qui avoit été mis en ôtage par son frere, d'abord en Illyrie , puis à Thebes , & qui naturellement vicieux, lorsqu'il pouvoit le paroître avec impunité , devenoit vertueux , lorsqu'il avoit intérêt de se montrer tel. Philippe, dis-je, démêla toutes les vûës & tous les projets des Grecs , & il en sçût profiter. Aussi capable de former un plan raisonné de politique que de l'éxécuter ; Ami quand il y trouvoit ses avantages, Ennemi toujours impénétrable, Allié souvent faux & dangereux, il fit dès le commencement de son régne tous ses efforts pour composer une Marine , & pour la faire valoir impérieusement : & lorsque l'équité ne pouvoit colorer ses entreprises , il appelloit à son secours la feinte & la dissimulation. Le premier prétexte dont il se servoit pour armer, ce fut celui de chasser les Pirates, devenus insolens par une longue suite de larcins heureux , & d'en nétoyer la mer Egée & celle d'Ionie. Mais bien-tôt il exerça lui-même ce métier aussi honteux que lucratif, aussi indigne d'un grand Prince, que propre à augmenter ses finances : & les flatteurs qui suivoient sa

cour,

cour, qui étudioient tous ses mouvemens, inventérent des raisons pour lui en
faire honneur. Car les Monarques à qui
tout rit & que favorise la fortune, ne manquent point de se faire approuver. Quel
mérite pour eux, que celui de réüssir !
Ils confondent le succès avec la Justice.

Alexandre le Grand qui dut être lui-même ébloüi de la rapidité de ses victoires,
& qui trouvoit par-tout de nouveaux sujets de s'ébloüir encore davantage, ne
laissa point de penser que sans une Marine, sans un établissement fixe de commerce, ses conquêtes lui devenoient inutiles & même ruineuses ; qu'il pourroit
bien prendre le titre de Héros, mais non
celui de Souverain, qui suppose un homme utile & attentif à procurer toutes sortes d'avantages à ceux que la guerre lui a
assujettis. C'est pourquoi ayant ruiné Tyr
& fait trembler Carthage, il fonda Alexandrie pour être le Siége de la vaste monarchie qu'il méditoit, pour servir comme d'un entrepos général au commerce,
pour nouër enfin, si j'ose ainsi parler,
les diverses parties de l'Univers. Rien n'é-
toit plus beau, rien n'étoit plus digne d'u-
ne

ne fi grande ame, que le choix & la fon-
dation d'Alexandrie. Cette ville étoit fi-
tuée le plus heureufement du monde : elle
tenoit à tout, elle pouvoit fans peine &
fans rifque envoyer par-tout. L'Egypte
d'ailleurs paffoit alors pour la plus riche,
pour la plus fertile de toutes les contrées.
Mais au milieu de tout ce que la fortune
pouvoit offrir d'agréable & de brillant,
mourût Alexandre, & avec lui s'anéan-
tirent tous fes projets, trop vaftes pour
qui n'étoit pas deftiné à conquérir & à fe
foumettre l'Univers.

Celui de fes Capitaines pourtant qui
fut maître de l'Egypte, Homme curieux
& d'un génie élevé, favorifa l'établiffement d'Alexandrie & la fit jouir de tous
les droits & de tous les priviléges qu'elle
méritoit. Il rouvrit enfuite la navigation
des Indes interrompue depuis fi long-
tems ; & les facilités qu'il y apporta, l'efpérance prochaine du gain, attirérent dans
fa Cour tout ce qu'il y avoit alors de plus
fins Négocians & de plus habiles Navigateurs. Ce qui ne doit pas étonner. On
fçait par plufieurs exemples modernes
qu'auffi - tôt que le commerce s'anime

(*e*) en quelque endroit, & qu'on ne le gêne point par des taxes arbitraires & des impofitions ruineufes, tous les étrangers s'y rendent en foule. Ils fe preffent à l'envi les uns des autres de prendre part aux profits naiffans, & de femer, fi j'ofe ainfi parler, en terre neuve ; au lieu que la marque prefque certaine de l'affoibliffement du commerce & de la ruine d'un pays, eft de voir que les habitans paffent chez l'étranger, eux, qui n'abandonneroient point leur patrie, fi les arts y étoient récompenfés, fi la confommation s'y foutenoit fur un certain pié, fi enfin le difcrédit n'y étoit point univerfel.

Ce premier Roi d'Egypte, pour exciter de plus en plus le commerce dans fes Etats, & pour empêcher qu'aucune autre Nation ne pût le lui ravir, fit tracer le plan

(*e*) Quand le Czar Pierre I. jetta les fondemens de Petersbourg, ni moins hardi, ni moins avide de gloire qu'Alexandre, il réfolut de porter cette ville à l'ancienne réputation d'Alexandrie, & il y attira tout ce qu'il pût trouver d'hommes de génie, de caractéres propres à feconder fes deffeins. Heureufement pour fa mémoire, que fes fucceffeurs ont encore renchéri fur ce qu'il avoit fait de grand & d'utile.

plan d'une Ville magnifique fur la côte oc-
cidentale de la mer Rouge, afin de veiller lui-même fur fa Marine & d'entretenir
les correfpondances qu'elle exige. Mais
ce deffein, que divers obftacles traverfé-
rent, ne fut exécuté qu'après fa mort par
Ptolomée Philadelphe, qui fe hâta de donner à cette ville le nom de Berenice fa Me-
re : & tout joignant étoit un port fûr &
à l'abri de l'infulte, nommé Myos-Hor-
mos, où venoient aborder les principales
marchandifes de l'Arabie, des Indes, de
la Perfe, de l'Ethiopie. Ces marchandifes
étant déchargées, fe tranfportoient à dos
de chameau jufqu'à Coptos, où des officiers publics avoient foin de les embarquer fur le Nil & de les conduire fans aucun dommage à Alexandrie. Là fe faifoit
un échange continuel, & de ce que l'O-
rient fi riche envoyoit à l'Occident, & de
ce que l'Occident rendoit à l'Orient, mais
en bien moindre quantité. Comme ce
double commerce demandoit des voitu-
riers, des artifans, des hommes de toute
efpéce, on avoit applani un chemin depuis Coptos jufqu'à la mer Rouge : & non
feulement ce chemin étoit bordé par

un

un canal & par de grands réfervoirs d'eau douce, ménagés d'efpace en efpace, on y avoit encore conftruit des magafins & des hôtelleries pour la commodité de ceux qui fervoient au tranfports des marchandifes, qui alloient fans ceffe à Alexandrie, ou qui en revenoient. De plus, Ptolomée Philadelphe faifoit naviger deux flottes nombreufes, l'une dans la mer Rouge, & l'autre dans la Méditerranée, pour contenir les Pirates & mettre les Marchands à couvert de leurs furprifes inopinées : ce qui marquoit en même-tems fa puiffance, la fupériorité de fon génie, fon attention pour l'agrandiffement de la fortune de fes fujets, eux, qui ne font prefque jamais fur mer des pertes confidérables que tout l'Etat ne s'en reffente.

Outre les Ptolomées qui s'établirent en Egypte, les autres fucceffeurs d'Alexandre ne négligérent point la Navigation. Seleucus & Antigone, qu'une bagatelle rendit ennemis d'autant plus irréconciliables qu'ils avoient été liés d'une amitié plus étroite, armérent des flottes nombreufes, & s'attaquérent mutuellement l'un l'autre. Le dernier eut un fils qui fe

difdistingua par un esprit inventif & porté aux Méchaniques. Il imagina de nouveaux bâtimens à rames, de nouvelles machines pour la mer. Rien ne pouvoit lui résister, & son adresse ingénieuse à surmonter tous les obstacles, venoit à bout de ce qui paroissoit de plus rebelle, & de plus capable de lasser sa constance. On le regardoit aussi comme un homme invincible, ou du moins comme un homme, qui dans l'adversité même trouvoit des ressources, & renouvelloit de courage.

La Grece & l'Asie mineure partagées en plusieurs Royaumes, & presque toujours les armes à la main, eurent alternativement des Princes qui connurent le prix de la Marine & s'y distinguerent. Tels étoient Philippe & Persée son fils, Rois de Macedoine, Attale & Eumenes Rois de Pergame, Prusias Roi de Bythinie, Antiochus Roi de Syrie, & le partisan secret de tous les ennemis du peuple Romain, Nabis, & quelqu'autres Tyrans qui s'étoient fortifiés sur les côtes de la Grece. Mais ou ces Princes se détruisirent euxmêmes par des motifs cachés de haine & de jalousie, ou ils succomberent tous en-

C

fin

fin à la puiſſance Romaine. Quand on conſidére mûrement quels reſſorts elle faiſoit joüer, comme elle mêloit à la douceur, qui flatte, la ſévérité qui punit, on ne doit point être étonné que tout l'Univers, ou dompté par les armes, ou ſoumis par la crainte, ſoit venu lui rendre hommage. Les Romains par leur caractére devoient être les maîtres du monde, & ils le furent par leurs conquêtes & leurs victoires.

Cependant ils ne ſaiſirent bien tous les avantages que procure une grande force ſur la mer, qu'au commencement de la ſeconde guerre Punique. Ils n'y avoient donné juſqu'alors qu'une très-foible & très-legére attention, ſoit qu'ils ne fuſſent occupés qu'à étendre leurs Etats par terre, ſoit que les premiers malheurs qu'ils éprouverent ſur leurs côtes, les euſſent entiérement dégoûtés d'un métier où tout eſt péril, tout eſt hazard. Mais comme leur génie les portoit à ſoutenir perſévéramment ce qu'ils venoient une fois à reconnoître pour certain & inconteſtable, ils n'abandonnerent plus la Marine, dès qu'elle parût s'ajuſter avec leurs vûës & leurs intérêts; & l'on peut dire que c'eſt à Carthage

thage, dont le faste & l'orgueil leur pesoient depuis si long-tems , qu'ils en eurent la principale obligation. Aussi quand le Sénat de Rome prit enfin la triste résolution de détruire cette Ville jusqu'aux fondemens, voici le discours que le Consul C. Marcius Figulus tint par son ordre aux Carthaginois. C'est la mer, c'est la puissance (*f*) » que vous y avez acquise , ce sont les » trésors que vous en retirez, qui hâtent » & précipitent votre perte : c'est la mer » qui vous a portés à envahir la Sardai-» gne, la Sicile, l'Espagne : c'est elle qui » vous a engagés à violer tous les Traités » de Paix, à piller nos Navires marchands, » & pour ôter la connoissance de vos cri-» mes, à noyer ceux qui les montoient : » enfin , c'est votre habileté sur mer qui » vous a enhardis à ne rien respecter , &

C 2

» à

(*f*) Quand presque toute l'Europe se réunit en 1508. contre la République de Venise, & qu'elle s'engagea dans le fameux Traité qu'on nomma la Ligue de Cambray, on pouvoit à peu près tenir à cette République le même discours. Mais plus heureuse ou plus habile que Carthage, elle trouva le moyen de diviser une foule d'ennemis, & de faire tourner en sa faveur ceux mêmes qui avoient d'abord paru souhaiter le plus ardemment sa perte.

» à faire gloire d'une méchanceté que nous
» n'étions pas encore en état ni en pou-
» voir de punir ».

Je ne fuivrai point ici toutes les expéditions que firent les Romains après les
guerres Puniques , & où ils montrerent
une capacité fi étenduë pour la conduite
de leurs armées , une préfence d'efprit fi
nette dans les périls, une induftrie fi heureufe à gagner les peuples & à fe faire obéir
avec affection de ceux qu'ils avoient affu-
jettis par force. Je dirai feulement, que comme dans leurs entreprifes ils tendoient toujours au grand , ils eurent foin d'avoir toujours fur mer des flottes confidérables , &
de ne mettre à leur tête que des Capitaines expérimentés. L'amour de la gloire qui
les animoit tous , leur fit d'abord regarder
le Commerce comme quelque chofe de bas
& d'indécent : *Quæftus omnis* „ s'écrioit un
d'entr'eux , *Patribus indecorus vifus eft.*
Mais des fentimens fi rigides changerent
peu à peu : & ces mêmes Romains , qui
fembloient ne vouloir vaincre que pour
donner des exemples de probité, de dé-
fintéreffement , de modération , vainqui-
rent encore pour fe procurer les agrémens

&

& les commodités qui leur manquoient,
pour parer l'Italie des dépoüilles & de l'o-
pulence des autres Nations. La ruïne de
Carthage qui fût achetée par des riviéres
de fang, foûmit à Rome tout le refte de
l'Afrique, qui lui devint d'un grand fecours pour la traitte des blés : & l'embra-
fement de Corinthe qui arriva enfuite,
acheva d'abbattre la Grece & de la jetter
dans une fervitude d'autant plus trifte,
qu'elle avoit été plus long-tems accoutu-
mée à commander. Pour ce qui regarde
les conquêtes que les Romains firent en
Afie, elles leur valurent des richeffes immenfes, peu connuës auparavant : & avec
ces richeffes, s'introduifit à Rome & dans
les principales Villes d'Italie un luxe curieux, une élégance recherchée qui fe com-
muniqua à tout, aux bâtimens, aux meubles, aux habits, aux jardins, aux apprêts
de la bonne chere. L'amour du plaifir, la
pompe qui frappe les yeux, la magnificence,bannirent l'ancienne févérité des mœurs:
& la Nation devenuë plus riche, plus po-
lie, & plus voluptueufe, dédaigna l'hum-
ble pauvreté de fes Ancêtres, & fe fit

C 3   (g) de

(g) de nouveaux objets de vertu.

Tout plioit alors devant la puissance Romaine, & Mithridate qui osa résister d'abord avec assez de courage, ensuite par l'artifice & la fraude, succomba lui-même & vit toutes ses affaires aller en décadence, tant sur mer, que sur terre. Lucullus qui triompha de ce malheureux Prince, fit voir entr'autres dépoüilles qu'il lui avoit arrachées cent dix éperons de Galéres armés de cuivre. On sçait que c'étoit-là ce qui faisoit autrefois toute la force des Vaisseaux de guerre, ce qui les rendoit redoutables dans un combat : & comme ces éperons pouvoient facilement s'enlever, on les portoit le jour du triomphe devant le vainqueur, qui outre cela avoit pour couronne encore sur la tête un cercle d'or, relevé de plusieurs proües & de plusieurs poupes de galéres, entremêlées les unes avec les autres. Cette couronne se

nom-

____

(g) *Remoto Carthaginis metu*, dit Velleius Paterculus, *sublataque Imperii æmulâ, à Virtute descitum, ad vitia transcursum : vetus disciplina deserta, nova inducta.* Tacite ajoute les traits suivans : *Paulatim discessum ad delinimenta vitiorum, balnea, & Conviviorum elegantiam ; idque apud imperitos humanitas vocatur.*

nommoit *Navale*, ou *Roftrale*.

Mais au milieu de tant d'avantages & de tant de fuccès, s'éleva dans le fein même de la République une puiffance maritime qui penfa lui porter le coup mortel. Cette puiffance parut d'abord peu redoutable. Ce n'étoit qu'une poignée de matelots & de foldats échappés à la rigueur des Loix, & qui n'ayant d'autres reffources que leur audace, d'autre retraite que des creux de rocher, d'autre efpérance que la fuite, fe mit à courir les mers & à piller les Navires marchands. Quand ces foldats & ces matelots réunis par hazard, avoient fait quelques prifes confidérables, ils alloient auffi-tôt fe plonger dans toutes fortes de plaifirs honteux & faciles, & ils ne reparoiffoient que lorfque leur butin étoit confommé. Une vie fi licencieufe groffit non-feulement leur nombre, mais elle attira encore parmi eux des gens de caractére, les uns trompés par la nouveauté, les autres accablés fous le poids de leurs affaires domeftiques. Il y eut même des Sénateurs & d'anciens Officiers, qui fe chargerent de les conduire & de les difcipliner. Ainfi fe formoit une République

blique

blique d'un nouveau genre, qui avoit ses loix & sa police particuliere, qui entretenoit des liaisons & des correspondances en tous lieux, qui faisoit souvent des descentes pour ravager la campagne & mettre les principales Villes à contribution. *Il sembloit*, dit Plutarque, *que le métier de Pirate pour être heureux, en étoit devenu plus honorable*. Les querelles & les divisions dont Rome souffroit au-dedans, l'empêcherent long-tems de remédier à des desordres si fâcheux, & de pourvoir à la sûreté des côtes de l'Italie. Mais quand le peuple s'apperçut que les convois de blé ne venoient plus de l'Egypte & de la Sicile, que les denrées nécessaires à la vie montoient à des sommes excessives, il se plaignit hautement, il cria. Pompée fût enfin chargé de terminer cette guerre dont les suites parurent dangereuses, & qui, suivant l'expression d'un Ancien, *rupto fœdere generis humani sic maria bello quasi tempestate præcluserat*, & il y réussit d'autant mieux, que la prospérité avoit rendu mols & lents ces mêmes Pirates, que l'indigence rendoit courageux : mais deux années d'adresse & de travail lui suffirent à peine.

peine. Ce fut fur la fin d'une guerre fi dé-
fagréable , que Pompée répéta plufieurs
fois ce qu'un illuftre Grec avoit dit avant
lui : *Qu'on eft maître de la terre , lorfqu'on
eft maître de la mer.*

Jufqu'ici les Romains s'étoient tenus
dans la Méditerranée ; & n'en étoient point
fortis. Mais quand Céfar eût le gouvernement des Gaules , ils oferent encore naviger fur l'Océan , & ils firent conftruire
des Vaiffeaux plus forts & plus maffifs que
ceux qu'ils avoient déja. Les nouveaux
obftacles qu'ils rencontrerent, & que naturellement ils ne devoient point prévoir,
loin de les rebuter, accrurent de beaucoup
leur ardeur & leur curiofité. Céfar ayant
puni ceux de Vannes qui avoient affaffiné
fes Ambaffadeurs , & ayant arrangé les autres affaires de fon gouvernement, réfolut
de paffer en Angleterre : ce qui devoit alors
paroître une entreprife bien hardie. Car
non-feulement ce païs n'étoit pas connu
des Romains , mais à peine l'étoit-il des
Gaulois eux-mêmes, qui ne faifoient que
rafer fes côtes pour acheter à la hâte quelques marchandifes dont ils avoient befoin.
Mais Céfar poffédoit à un degré fupérieur

C 5

tout

tout ce qui fait les Héros, le génie propre à former un grand deffein, & le courage néceffaire pour l'exécuter. Auffi fut-il
affez heureux, malgré tous les contretems
qui lui furvinrent, de defcendre en Angleterre, & d'obliger un peuple furieux de
l'amour de la liberté, à payer des taxes &
des impôts confidérables aux Romains.

Les nouvelles connoiffances que Céfar
venoit d'acquérir dans les Gaules lui fer-
virent extrêmement pendant les guerres civiles, qui le rappellérent en Italie. Il s'ef-
força toujours d'être le plus fort fur la mer;
il fit bâtir, & équipper plufieurs navires
femblables à ceux qu'il avoit vus chez les
Gaulois; il fe conforma aux réglemens, &
aux ordres de bataille ufités dans leur Marine; il fe fervit même d'un artifice qu'il
avoit remarqué parmi ceux de Vannes,
qui étoient de faire peindre fes vaiffeaux en
bleu, & de donner une couleur d'eau de
mer aux voiles & aux autres manœuvres,
afin qu'on ne pût les reconnoître: & par
toutes fes attentions, par ces différens ftra-
tagêmes, ils ne forma prefque aucun projet dont il ne vint à bout. Il fembloit, à
voir la promptitude & la vîteffe avec lef-
quelles

quelles il faifoit toutes fes expéditions, que les vents fouffloient à fon gré & que les orages n'ofoient l'approcher. Tel eft le fort des gens heureux. J'appelle ainfi les gens pour qui les fituations favorables fe multiplient, & les circonftances s'arrangent de maniere, que toutes leurs vûes & toutes leurs entreprifes ont un plein fuccès.

Après la mort de Céfar véritablement déplorable, Augufte parvint à l'Empire, & malgré le peu de capacité qu'il avoit pour la guerre & la Marine, il remporta plufieurs victoires avec le fecours, & par l'expérience de fes Généraux. Aucun Prince n'en eût jamais tant de befoin que lui, quoiqu'ils en ayent tous affez. Il commença d'abord par ruiner entiérement les forces maritimes du jeune Pompée, qui vouloit en vain foutenir ce Grand, mais trop funefte (*h*) nom. Il livra enfuite la bataille

le

(*h*) On rapporte de ce jeune Pompée qu'ayant fait un accord avec Antoine & Augufte, il les invita à dîner dans fa Galére. Pendant le feftin, un de fes affranchis vint lui dire à l'oreille : *Donnez l'ordre, Seigneur, je ferai pouffer votre Galére au large. Maître du fort de tous vos Compétiteurs, il ne tient qu'à vous de vous élever à l'Empire.* Pompée refta immobile, & n'ofa rien repliquer

quer

le d'Actium, qui mit à ses pieds celui de ses Rivaux qu'il devoit craindre, & qu'en effet il craignoit le plus. Une si grande victoire ne fut point imparfaite : elle donna lieu d'établir un système de Marine qui dura pendant tout le régne d'Auguste. Ce système consistoit à avoir toujours trois grandes escadres bien armées : l'une à Fréjus, dans la Gaule Narbonnoise, pour tenir en respect les côtes d'Espagne, & de cette partie de la Provence & du Languedoc que baigne la Méditerranée ; l'autre au Cap de Miséne, pour assurer la navigation de la mer basse ou d'Etrurie ; la troisiéme enfin à Ravenne pour assurer celle de la mer haute, connue aujourd'hui sous le nom de mer Adriatique. Outre ces deux dernieres escadres, il y avoit encore au Cap de Miséne, ainsi que l'a remarqué Vegece, & dans le port de Ravenne, un certain nombre de soldats toujours prêts à s'embarquer, & qu'on nommoit *Classiarii*. Leur métier étoit de servir sur

mer,

---

quer : l'entreprise étoit au-dessus de ses forces. Il faut & pour les grands crimes & pour les grandes vertus, plus d'étoffe que les hommes n'en ont ordinairement.

mer, & on les y exerçoit continuellement.
Tibére qui en montant fur le trône, af-
fectoit de dire, *Solam Divi Augufti men-*
tem tantæ molis capacem effe, fuivît quelque tems les routes qu'avoit applani fon
Prédécesseur. Auffi lui adroiffoit-on les
paroles fuivantes, moins pour le louer d'a-
voir jufques-là bien agi, que pour l'exciter à mieux agir encore dans la fuite : *Pe-*
nes te Hominum Deorumque confenfus Ma-
ris ac Terræ regimen effe voluit. Mais par
un fort trop ordinaire, il fe démentit rapidement, & s'oublia lui-même. Les derniéres années de fa vie répondirent très-mal
aux premiéres. Quand les Souverains ne
font point jaloux ni curieux de foutenir les
établiffemens commencés fous les régnes
antérieurs, bientôt ces établiffemens dé-
générent, ils languiffent enfuite, & tom-
bent à la fin dans une efpéce d'anéantif-
fement.

Augufte arma encore des vaiffeaux pour
faire de nouvelles découvertes en Afrique
vers l'Equateur, d'autres pour étudier les
côtes de l'Europe jufqu'aux frontiéres de
la Cherfonéfe Cimbrique, d'autres enfin
pour remonter les fleuves & les riviéres
dont

dont on ne connoiſſoit que les embouchures : & les navires employés à ces ſortes de courſes & d'expéditions s'appelloient *Naves Luſoriæ* ou *Luſuriæ*. En un
mot, les Romains n'avoient jamais entrepris tant de navigations périlleuſes & importantes, que ſous le régne d'Auguſte.
Cet Empereur qui effaça par ſes vertus
& ſes bienfaits les cruautés commiſes pendant le Triumvirat, avoit ſoin d'envoyer
dans les Provinces éloignées des hommes
adroits & circonſpects, qui lui rendoient
un compte ſincére & détaillé (*i*) de tout
ce qui s'y paſſoit. Mais à ſa mort, l'Empire
s'ébranla, ſes fondemens ſe ruinérent peu à
peu : & la plûpart des Princes qui prirent
ſa place, les uns par le droit de la naiſ-
ſance, les autres par la fraude & l'injuſti-
ce, les autres par la faveur & les révol-
tes ſubites des ſoldats, n'eurent plus aucun goût pour la Marine comme pour
toutes les autres choſes utiles, & l'aban-
donnérent inſenſiblement. Auſſi ne peut-
on

(*i*) L'Empereur Conſtantin qui, à l'exemple d'Auguſte,
eût toujours dans les Provinces de ces ſortes d'eſpions ho-
norables, les nommoit *ſes Curieux*.

on presque en rien dire qui soit lié, ni qui paroisse la suite d'un gouvernement sensé & réfléchi : l'histoire manque. On ne trouve que des expéditions hazardées, où il entroit de l'humeur & du caprice, plutôt qu'un vrai courage ou une juste envie de soutenir la dignité du nom Romain.

Voici cependant deux traits remarquables, qui ne doivent point m'échapper. Le premier regarde l'Empereur Claude Neron, qui fit bâtir à l'entrée du port d'Ostie un môle aussi superbe que massif, défendu par deux jettées qui s'avançoient dans la mer, & fondé sur une grosse flutte chargée de maçonnerie, qu'on y avoit coulée à fond. Avant lui, ce port n'étoit qu'une rade ouverte & peu sûre, où à peine les vaisseaux avoient-ils jetté l'ancre, qu'il falloit les décharger par le moyen de plusieurs petits bâtimens plats, qu'on faisoit ensuite remonter le Tybre : manœuvre qui causoit beaucoup de pertes & d'avaries, quelquefois même des naufrages, lorsque le vent venoit tout d'un coup à changer. Ce môle ainsi élevé par Claude Neron, pouvoit être mis en paralelle avec le Phare d'Alexandrie, qui avoit mérité à juste

titre

titre l'infcription fuivante : *Le Roi Ptole-*
mée aux Dieux Sauveurs, pour l'avantage
de ceux qui vont fur mer.

Le fecond trait regarde l'Empereur Trajan, qui fe plût à augmenter & à embel-
lir le port d'Ancone, jufqu'à en faire une
des merveilles du monde. Autour de ce
port régnoit de grandes galeries, où
les Négocians & les Etrangers fe raffem-
bloient pour parler de leurs affaires, pour
étaler les marchandifes qu'ils vouloient
vendre. Il y avoit un peu au-deffous des
quais folidement conftruits, & revêtus de
parapets de marbre. On defcendoit par
d'amples & de larges efcaliers jufqu'au niveau de la mer, & les navires y venoient
prefque s'attacher à des colonnes également diftantes les unes des autres, & qui
portoient fur leurs fommets les différentes
figures des Dieux marins. Les Médailles
de Trajan font encore foi de cette magnificence, que les curieux auroient bien de
la peine à retrouver dans les villes maritimes, qui font aujourd'hui les plus diftin-
guées, qu'on admire davantage. Quel
exemple que celui d'un fi fage Empereur,
qui au lieu de perdre des fommes confi-
déra-

dérables ou à bâtir des palais ou à orner des jardins de plaifance, aimoit mieux les employer à des travaux publics & avantageux pour fes fujets, à un port de mer! Il en fut auffi récompenfé de la maniere la plus glorieufe. Car à tous ceux qui montèrent après fa mort fur le thrône des Céfars, on ne fouhaittoit que ces deux chofes: qu'ils euffent la fortune d'Augufte & la bonté de Trajan.

SECONDE PARTIE.

APrès avoir ainsi parlé de tant de Nations différentes, dont il ne reste aujourd'hui qu'un souvenir vague & interrompu, je vais parler maintenant de ce qui nous touche & nous regarde de plus près, je veux dire de notre Marine. Mais auparavant il me semble à propos d'avertir que la plûpart des Etats de l'Europe s'attribuent la souveraineté des mers dont leurs côtes sont baignées, & veulent en exclure les autres (*a*) peuples. Pour la France, incapable de se permettre à un telle vanité, elle a toujours joui du droit de faire naviger ses vaisseaux dans toutes les mers : & le Roi de Dannemarc ayant osé en 1637. troubler quelques bâtimens François qui faisoient la pêche des Baleines vers Spitzberg,

(*a*) Pour se persuader sans retour que rien n'est plus frivole, ni plus mal fondé, que ces sortes de prétentions, il faut lire deux ouvrages excellens composés sur cette matiére : l'un par le sçavant Hugues Grotius sous le titre de *Mare Liberum*, & l'autre par Theodore Grafwinckel Avocat fiscal des domaines des Etats de Hollande, sous le titre de *Maris Liberi vindiciæ*.

berg, Louis XIII. lui fit déclarer par le Comte d'Avaux fon Ambaffadeur, *que toutes les mers étoient ouvertes à fes fujets, & qu'il fçauroit les maintenir dans une poffeffion dont perfonne ne devoit douter.* Et c'eft ce que les anciens Jurifconfultes avoient établi, comme un des premiers principes du droit des gens. *Mare commune omnium eft,* difoient-ils, *& litora, ficut aër, & eft fæpiffime refcriptum, non poffe quem pifcari prohiberi.*

Louis XIV. a pouffé encore plus loin fon autorité, & il l'a fait valoir non feulement pour fes fujets, mais encore pour fes alliés. Car le Roi d'Angleterre Charles II. voulant inquiéter les Hollandois & même les François fur la pêche que faifoient les uns & les autres dans la Manche & au long des côtes de Flandres, Louis XIV. chargea en 1661. le Comte d'Eftrades fon ambaffadeur à Londres de lui dire, *qu'il avoit tort d'étendre la défenfe de la pêche au préjudice du Droit commun qui en donne la liberté à tout le monde ; qu'outre l'intérêt qu'il y avoit pour fes fujets, il ne pouvoit fe défendre de donner la main en cette rencontre aux Hollandois fes alliés ni*

D 2

leur

leur refuſer ſon entremiſe , ayant des forces maritimes ſi puiſſantes que perſonne au monde ne lui pouvoit faire obſtacle. Voilà de quel ton s'exprime un Prince, qui guidé par d'utiles conſeils, a ſçu ſe rendre ſupérieur en vaiſſeaux & redoutable ſur mer.

Les Gaulois qui habitoient le long des côtes de l'Océan & aux embouchures des grands fleuves , & dont les terres par cette raiſon s'appelloient *Ripuaires* , avoient trop de commodités , trop d'Iles , de Caps , de Promontoires , de Ports & de Havres à leur diſpoſition , & , ſi j'oſe ainſi parler , ſous leurs mains , pour n'en point profiter : & comme ils étoient naturellement impétueux , avides de changer de demeure , peu capables de ſe rabaiſſer aux occupations domeſtiques , ils s'adonnérent preſque tous à la Marine. Auſſi leur réputation étoit-elle de ce côté là ſolidement établie : nulle contrée ne leur paroiſſoit difficile à envahir , dès que leurs vaiſſeaux y pouvoient aborder. Et ſi les Romains les ſubjuguérent par terre , leur ravirent leurs droits & leur priviléges , ils n'eurent que rarement ſur eux de l'avantage par mer. Encore leur fallut-il pour cela des hazards

favora-

favorables, de ces événemens imprévûs qui déconcertent & la valeur & la prudence. » Chez les Gaulois, remarque un illuftre » Prélat du Ve. fiécle , chaque matelot » eft auffi adroit, & auffi entendu que les » meilleurs pilotes des autres Nations. Il » n'y a point au monde d'ennemis plus » formidables , ni plus craints fur la mer, » que ces Gaulois. Toujours fur leurs gar- » des & toujours promts à attaquer , on » ne peut prefque point les furprendre. S'il » faut venir à un abordage , ils ont plûtôt » fauté dans le navire ennemi , plûtôt ren- » verfé ceux qui ofent leur refifter , qu'on » ne s'attendoit à les voir. S'ils chaffent un » vaiffeau , quelque bon voilier qu'il foit , » ils le prennent infailliblement. S'ils font » obligés de fe retirer , ils manœuvrent avec » tant d'adreffe qu'on ne peut leur repro- » cher la honte de fuir. En un mot , fer- » mes au milieu des tempêtes , fçachant y » prendre toutes les mefures néceffaires , » on croiroit qu'ils fe font familiarifés avec » les vents & les orages , avec la mort » même ». N'eft-ce point là un portrait de notre Marine , telle qu'elle étoit fous un Abraham du Quefne, fous un Maréchal de

D 3   Tour-

Tourville, fous un Nefmond, fous un Pointis, fous un Chevalier Jean Barth, fous un Coëtlogon, fous un du Gué-Troüin.

La réputation des Gaulois fubfifta long-tems par le courage qu'ils témoignoient en toutes rencontres, plus encore par leurs courfes & leurs irruptions foudaines, qui les rendoient infiniment redoutables à leurs ennemis, aux peuples maritimes. Outre la navigation, ils s'attachoient à la pêche avec une efpéce de fureur, & ils recherchoient ce qu'on nomme encore aujourd'hui des monftres marins. Ils poliffoient enfuite leurs dents, comme faifoient auffi les Anglois, & ils les employoient à orner les poignées de leurs haches & de leurs épées. C'étoit là une des parures, qui les flattoit davantage. *Præcipua viris gloria*, dit Solin, *eft in armorum nitelâ.*

Pour les Empereurs Romains qui régnerent avant Conftantin, ils n'eurent, comme je l'ai déjà dit, qu'une très médiocre attention à faire fleurir leur Marine. Auffi Marc Aurele Antonin, le plus fincere d'entr'eux, & fans doute le plus honnête homme, avoüoit-il ingénûment *fe quidem mundi Dominum effe*, *Legem autem maris*,

qu'il

qu'il étoit le maître de la terre , mais que l'art & l'induſtrie l'étoient de la mer. C'eſt en effet le ſeul ſens qu'on puiſſe donner au terme *Legem.* Depuis Conſtantin , les Empereurs affoiblis furent ſouvent expoſés à la valeur & même aux inſultes des Gaulois, qui ſont nommés Pirates dans la plùpart des ·Panégyriques , qu'on leur adreſſoit alors. *Eventu temeritatis oſtenderunt Galli nihil eſſe clauſum piraticæ deſperationi , quò navigiis pateret acceſſus.* Mais il y a apparence qu'on cherchoit à décréditer ces Gaulois, qui n'étoient à proprement parler, ni corſaires ni écumeurs de mer, mais qui dans l'occaſion ſçavoient attaquer & ſe défendre courageuſement, qui aimoient à acquérir de nouveaux Etats.

Les Romains perdirent ſous le régne de Clovis tout ce qu'ils poſſédoient dans les Gaules ; délivrées enfin d'un joug ſi long & ſi rigoureux. Ce jeune conquérant , toujours ſuivi de la victoire , mais non toujours ſcrupuleux obſervateur de la juſtice , fonda un grand Empire , celui que les François ont depuis rendu ſi conſidérable & ſi ſupérieur aux autres , un empire , dis-je , dont il dût les commencemens &

à

à la fermeté & à son courage. Tout se décidoit alors par de grandes batailles : & Clovis ne manqua point de se tenir à la tête de ses troupes , vivant militairement avec ses Capitaines & ses *Freres d'armes.* Il n'y eût par conséquent, sous la premiere race de nos Rois , aucun besoin de Marine : & s'il se faisoit alors quelque commerce , ce n'étoit que de Cap en Cap, d'Anse en Anse , & cela encore avec de très petits & de très foibles vaisseaux. On s'étoit défacoutumé de naviger au loin.

Au commencement de la seconde race, la France se trouva inquiétée sur l'Océan par les courses des Anglois & des Danois, & sur la Méditerrannée par celles des Sarrasins : guerres d'autant plus dangereuses & plus funestes, que ces peuples exerçoient mille barbaries & laissoient par tout des traces de leur férocité. Tant de désordres qui renaissoient chaque jour, engagerent Charlemagne à se faire rendre compte de l'état où se trouvoient les ports du Royaume, à ordonner qu'on nettoyât les anciens (*b*) & qu'on en ouvrit de nou.

(*b* Plutarque rapporte que la premiere chose que

fit

nouveaux. Il s'attacha enfuite, à force de bienfaits, tout ce qu'il pût trouver de gens expérimentés fur mer , & il fe fervit de leur miniftére pour bâtir un grand nombre de vaiffeaux, qui devoient être en tout tems équippés & armés. Et comme il s'appercevoit de plus en plus de la néceffité d'un pareil établiffement , & qu'il jugeoit que tout le repos & toute la dignité de l'Etat en dépendoient, il entreprit plufieurs voyages pour reconnoître les chofes de fes propres yeux, & pour empêcher que des Miniftres infidelles ou peu éclairés ne le trahiffent. Ainfi ce grand Homme faifoit lui-même les fonctions d'Amiral dans toute l'étenduë de fon royaume , & il prefcrivit à fes fucceffeurs de les faire avec la même exactitude (*c*) de deux en deux ans.

D 5   Mais

---

fit Jules Céfar après la bataille de Pharfale , ce fût de vifiter les côtes d'Italie , & de les défendre par de bonnes digues. Il eut foin de plus qu'on bâtit à l'embouchure du Tibre des magafins & d'autres édifices pour la commodité des marchands & des étrangers , qui venoient à Rome. C'eft ainfi que dans tous les fiécles les grands perfonnages ont à peu près les mémes vûës , les mêmes penfées , les mémes deffeins.

(*c*) On dit qu'Ebgar ou Edgar Roi d'Angletere avoit toujours une flotte confidérable , fuperbement équipée &

armée,

Mais il ne paroît pas que cette ordonnance ait jamais été trop suivie. Louis le jeune est peut-être le seul de nos Rois qui s'en soit ressouvenu, & qui ait pris quelques mesures, sur tout en 1102. pour la renouveller. Mais les malheurs dont tout son régne fut terni, encore plus son inconstance naturelle, ne lui permirent point d'y mettre la derniere main.

Sans entrer dans les avantages que cette ordonnance pourroit produire, si elle étoit bien exécutée, je ne rapporterai ici qu'un trait de la vie de Saint Louis. Ce Prince ayant pris la Croix par un zéle inconsidéré, & allant s'embarquer à Marseille, trouva que plusieurs Seigneurs empêchoient la navigation du Rhône, par les droits & les péages qu'ils y avoient établis. Mécontent de cette espéce de trafic qui dégénéroit en tyrannie, il le défendit sous des peines rigoureuses : & comme un de ces Seigneurs osoit sous différens prétextes resister à sa volonté, il commanda

aussi-

---

qu'il divisoit en trois escadres , & que tous les ans il s'embarquoit sur une de ces escadres pour faire le tour de son Ile.

auſſi-tôt qu'on démolit ſon château , & le força honteuſement de donner caution que dans la ſuite il ne gêneroit plus le commerce. Cet exemple de ſévérité ſiéoit ſans dou-te à un Roi, qui dans ſes voyages ne ſon-geoit qu'à être utile , qui s'informoit des abus & des concuſſions en vuë de les cor-riger. Les Romains ſe plaignoient que leurs Empereurs ne ſortoient jamais de la capitale, que pour accabler les Provinces : ils auroient tenu un autre langage, ſi ces Empereurs avoient voyagé comme Saint Louis.

Pour revenir à Charlemagne , je dirai qu'il fixa à Boulogne ſon principal établiſ-ſement de Marine , & qu'il y releva l'an-cien phare (*d*) que le tems avoit détruit.

Il

(*d*) Le fanal que fit conſtruire Ptolomée Philadelphe dans la petite ile appellée *Pharos* , près d'Alexandrie , eſt ce qui a donné le nom à tous les autres. Il y a aujour-d'hui un très grand nombre de ces fanaux ou phares ré-pandus ſur les côtes de l'Europe , & qui s'entretiennent même en tems de guerre pour l'utilité commune des na-vigateurs. On les établit de deux manieres différentes. Les uns reſſemblent à de grandes lanternes entourées de carreaux de vitre, ou de feuilles de talc bien minces. Au milieu de ces lanternes , on place pluſieurs lampes de cuivre qui s'allument à l'entrée de la nuit. Les autres ſont de véritables rechauds de fer , dans leſquels on brûle

du

Il alla encore plus loin, & pour ménager une efpéce de communication fur toutes les côtes de fon Royaume, il fit bâtir de diftance en diftance de petites tours où il y avoit la nuit des fentinelles, qui fe répondoient les unes aux autres. Ces fentinelles étoient détachées des corps de garde, qui défendoient l'approche des côtes & veilloient de tout leur pouvoir aux defcentes, que les étrangers fe propofoient fouvent d'y faire. Sur cela, le Moine de Saint Gal qui a compofé la vie de Charlemagne, raconte quelque chofe d'affez curieux, & qui auroit l'air d'une prédiction, fi les Rois fçavoient prédire l'avenir. » Un jour, dit-il, que ce Prince fe trou-» voit dans une ville maritime de Langue-» doc, il apperçut d'une des fenêtres de » fon Palais plufieurs navires qui venoient » de conferve & fembloient vouloir jetter » du monde à terre. On fut quelque tems » en doute fur la qualité de ces navires, » & fur la manœuvre qu'on leur voyoit

faire

---

du charbon de terre, le plus épais & le plus fulfureux qu'on peut trouver. Ces derniers réuffiffent le mieux : les autres font trop fuiets à fe noircir, & n'éclairent bientôt plus.

» faire. Les uns les prenoient pour des vaif-
» feaux qui venoient d'Afrique, les au-
» tres pour des marchands Anglois, les
» autres enfin pour des Juifs. Charlemagne
» fût le feul qui affura conftamment que
» c'étoient des Corfaires fortis du Nord,
» & que leurs vaiffeaux cachoient plus d'ar-
» mes que de marchandifes : ce qui fut
» peu après confirmé par les chaloupes,
» qu'on avoit envoyées à la découverte.
» Ces Corfaires voyant fur le rivage tant
» de concours & de mouvemens, fe dou-
» térent bien que le Maître y étoit, & un
» Maître trop attentif pour fe laiffer enta-
» mer : ils prirent auffi-tôt le large. Le Roi
» cependant avoit les yeux toujours atta-
» chés fur la mer, & il laiffa couler quel-
» ques pleurs. Puis fe tournant vers ceux
» qui en étoient furpris, il leur parla en ces
» termes : s'ils ont la hardieffe de menacer
» ainfi de mon vivant les côtes du Royau-
» me, que n'oferont-ils pas après ma
» mort » ? Efpèce de Prophétie qui ne fut
malheureufement que trop vraye, que
trop bien accomplie dans la fuite.

Un autre deffein encore avantageux à la
Marine, que forma Charlemagne devenu

Empe-

Empereur, ce fut de joindre le Danube au Rhin & de frayer ainfi un paffage de l'Océan à la mer noire. Rien n'étoit plus grand que ce deffein, rien ne devoit être plus utile à l'Allemagne : pays immenfe & très-abondant, mais où faute de commerce & d'argent il n'y a prefque point d'induftrie. Charlemangne employa à cet ouvrage plufieurs Architectes & plufieurs Ingénieurs, qui fondérent le terrain & tracérent un canal, dont on affure qu'il fe voyoit encore quelques veftiges au comnencement du dernier fiécle. Il eft bon de remarquer ici que fous tous les régnes un peu forts & un peu éclairés, on a travaillé en France à rendre les rivieres navigables, & a joindre enfemble l'Océan & la Mediterrannée. C'eft là, à mon avis, une époque qui fait beaucoup d'honneur à ces régnes. François I. entreprit quelque chofe de femblable, après qu'il eût rompu les liens qui le retenoient en Efpagne : mais on n'étoit pas encore de fon tems affez habile en ce qui regarde la conduite des eaux & les grands nivellemens, pour y réuffir. Cet ouvrage fembloit réfervé à Louis XIV. qui en a favorifé tant d'autres également utiles, & dignes

gnes de lui. Je dois avouer cependant que le premier projet du canal de Languedoc fut conçu sous les regards du Cardinal de Richelieu, qui le fit examiner avec une précision infinie (*e*) avant que de l'agréer. Le nom de ce Ministre se trouve sûrement à la tête de presque tout ce qui a été exécuté depuis sa mort, & à la gloire & à l'avantage de la Nation.

La vie des grands Hommes n'est pas assez longue pour l'accomplissement de leurs projets, & d'ordinaire ceux qui les remplacent, ne leur ressemblent point. Charlemangne laissa un fils qui ne sentit jamais quel thrône il occupoit, & qui employa la Religion qu'il ne connoissoit point, à se faire un mérite de plusieurs pratiques basses & superstitieuses que la Religion elle-même condamne. Ses autres successeurs n'eurent ni plus de talens, ni plus d'élévation d'esprit, ni plus de bonheur à la guerre. Tout languissoit, tout se ruinoit

entre

(*e*) Voyez l'Avis présenté au Cardinal de Richelieu en 1633. pour la jonction de la mer Océane avec la Mediterrannée, par Et.. Richot Ingénieur du Roi & Ant. Baudan Maître des ouvrages Royaux dans le Languedoc. Cet Avis fut imprimé la même année.

entre leurs mains : les travaux que Charlemagne n'avoit pu qu'ébaucher, s'interrompirent, reſtérent imparfaits. Dans cette défaillance générale de l'Etat, les courſes des Barbares recommencérent. Le Nord jetta hors de ſon ſein des peuples entiers, qui s'embarquoient ſur des flottes tumultuairement aſſemblées, & qui attaquoient la France de toutes parts. Les uns s'y introduiſirent par la Seine, & la (*f*) Loire : les autres allérent chercher le détroit de Gibraltar, & remontérent le Rhône juſqu'à Valence. Le meurtre & l'effroi marchoient devant eux, & le peu de réſiſtance qu'ils avoient trouvé ſur les côtes, les rendit encore plus fiers & plus audacieux. En vain les Rois héritiers du ſceptre de Charlemagne, rendoient-ils coup ſur coup des ordonnance ſéveres, pour recommander la garde des côtes & obliger les peuples maritimes à veiller à la défenſe commune. Il

arri-

(*f*) On croit que pluſieurs de ces Barbares s'habituérent à l'embouchure de cette riviere, d'où ils ſe répandirent enſuite dans le pays de Guerande & dans le Diocèſe de Vannes. Auſſi la langue Celtique qu'on y parle, eſt-elle toute remplie d'expreſſions étrangeres, qui ſemblent venir de l'ancien Saxon, & qui ne ſont point d'uſage dans tout le reſte de la baſſe Bretagne.

arrivoit à ces Princes ce qui arrive à tout Gouvernement énervé & affoibli : les ordonnances fe multiplioient & rien n'étoit exécuté ; on faifoit des réglemens utiles, & perfonne n'obéiffoit. Il falut enfin s'accommoder avec des ennemis fi redoutables, fe foumettre à toutes les conditions qu'ils voulurent bien impofer, & leur céder une des plus belles provinces du Royaume, la Normandie, pour mettre tout le refte à couvert de leurs pillages & de leurs infultes. Ces nouveaux hôtes ne firent pas dans la fuite moins d'honneur à la Patrie, que les anciens Habitans. Je remarquerai même qu'ils foutinrent par plufieurs conquêtes, tant en Italie, que dans la Gréce, leur premiere réputation : conquête cependant où il y avoit toujours je ne fai quoi d'avanturier.

Les chofes s'étant pliées de cette maniére, on oublia tout-à-fait la Marine en France, & on ne recommença d'y fonger que lorfque par un entraînement inconnu, & par une efpéce d'infpiration foudaine, les Rois, les Princes, les Ecclefiaftiques, le peuple, fe dévoüerent au voyage de la Terre-Sainte. On fût alors obligé de fe

E   fer-

fervir des Vénitiens , des Génois & des Caftillans , & de leur emprunter à grand prix des vaiffeaux : ce qui retardoit les expéditions & empêchoit d'y mettre une certaine activité , fans quoi toutes les affaires & principalement celles de mer réuffiffent mal.

Je coulerai ici legérement fur les fuites déplorables qu'eurent les Croifades : entreprifes véritablement funeftes , & où les moyens qu'on employa pour les exécuter , ne répondirent jamais au motif qui leur avoit donné naiffance ; où l'on s'engageoit par un zéle noble de Religion, & où ce zéle étoit à chaque inftant démenti par une conduite toute oppofée ; où l'on ne parloit que de vertus , & où l'on fe deshonoroit au milieu de toutes fortes de vices. Le grand nombre de perfonnes de diftinction qui paffoient les mers, le train & les équipages dont elles avoient befoin , tirerent un peu nos Rois de l'affoupiffement où ils étoient fur la Marine. Euxmêmes , contre toutes les loix de la politique, quittoient leur Royaume pour aller chercher des avantures périlleufes, & delivrer les Lieux-Saints de la tyrannie des

Infi-

Infidelles : ce qui ne pouvoit être que l'effet d'un Fanatifme outré. On conftruifit alors par leurs ordres quelques navires à Marfeille, on en raffembla d'autres fur les côtes de Provence & de Languedoc, on fe fervit même pour cela de maniéres dures & violentes en ôtant aux particuliers les bâtimens qui leur appartenoient, & en fufpendant tout commerce. Mais des armemens faits ainfi fans choix & fans préparation, ne pouvoient guéres avoir de fuccès. Le hazard feul décidoit & du nombre des vaiffeaux, & de la maniére de les agréer, & de la route qu'il falloit tenir : tous défauts inféparables d'un gouvernement où l'on ne vit, pour ainfi dire, que du jour au jour. De là vinrent tant de relâches inutiles, tant de projets avortés, tant de naufrages. Le plus remarquable de tout fut celui de Philippe le Hardi. Après avoir vu devant la ville de Tunis la pefte dévorer prefque toute l'armée Françoife, & fon pere même, l'intrépide Saint Louis, en expirer, il ne fongea plus qu'à fon retour. Il choifit pour cela ceux de fes vaiffeaux qu'il croyoit les meilleurs voiliers, & ordonna au refte de fon armée

navale

navale de le fuivre fans délai. Les commencemens furent affez heureux, & peu de
jours après fon départ le Roi aborda en
Sicile. Mais à peine eût-il mit pied à terre,
qu'il furvint un orage furieux qui caufa
deux effets bien différens. Le premier fût
de repouffer en pleine mer les navires déja arrivés dans le port, & le fecond de jetter avec violence fur la côte ceux qui s'en
trouvoient encore fort loin : ce qui les fit
s'entrechoquer les uns avec les autres, &
en fubmergea le plus grand nombre. Là
finit le goût qui avoit duré fi long-tems
& d'une façon fi particuliere, pour (*g*)
les Croifades.

Ce fût pendant le cours de ces guerres
de Religion que s'établit une charge in-
connuë jufqu'à lors, celle d'Amiral. Comme

(*g*) On fe reffouvient dans la Marine de deux coups de
vent terribles, arrivés en 1688. & 1735. Le premier fe
nomme encore aujourd'hui le coup de vent de Mr. de
Mortemar, qui le reçût au commencement de Septem-
bre, par le travers du Cap Siciey à l'extrémité du Golfe
de Lion : & les vaiffeaux qu'il commandoit, quoique fans
voiles, & feulement à mâts & à cordes : furent comme
tranfportés dans le Golfe de Palme en Sardaigne. Le fecond coup de vent fe fit fentir le 9. Janvier 1735. & caufa
des dommages infinis dans toute l'Europe.

me il n'y avoit perfonne dans le Royaume qui fut capable de la remplir , on la donna d'abord à des étrangers. Tels furent fous faint Louis Hugues Lartaire & Jacques de Levant, tous deux Genois : tels furent encore des Efpagnols , & même des Anglois. Mais ce qui étoit au commencement la récompenfe des travaux maritimes, devint dans la fuite l'objet de l'ambition des plus grands Seigneurs, qui fe contentérent de poffeder ce qu'ils ne pouvoient point exercer , faute de connoiffances & de pratique.

Quoique le titre d'Amiral (*h*) ne fut reçû en France que fous Saint Loüis, il paroît cependant qu'il y avoit quelque officier fous Philippe Augufte , qui faifoit à peu près les mêmes fonctions. C'eft ce qu'on peut recueillir de du Tillet dans fa

E 3   Chro-

(*h*) Comme la Guyenne , la Provence & la Bretagne n'étoient point alors fous la domination Françoife , les Gouverneurs de ces trois Provinces prirent eux-mêmes les noms d'Amiraux. Cet exemple autorifa divers Seigneurs qui avoient des terres aux bords de la mer , d'en faire autant. Ils fe dirent au mépris de l'autorité Royale , *Amiraux Patrimoniaux* , & s'attribuérent des droits exceffifs tant fur la pêche , que fur le commerce. Toutes ces ufurpations ont été abolies depuis un fiécle & demi.

Chronique abregée de nos Rois. *Philippe ,
dit-il , voyant la peste s'augmenter en son
camp , laissa la plus grande partie de son
armée sous la charge de Eudes , Duc de
Bourgogne : & avec Rufin Volte Genevois,
son Général de l'armée navale , après qu'il
eût visité le Pape à Rome , s'en revint en
France , où il arriva environ Noël.* Ce départ précipité du Roi , où il entroit une
secrette jalousie contre les autres Princes
croisés , lui fût infiniment salutaire : car il
y a apparence qu'il y auroit péri avec le
reste de ses troupes. Si Philippe Auguste
eût été susceptible de pressentiment , il en
avoit une occasion assez plausible en par-
tant de France. Le tonnerre tomba cinq
fois dans un même jour sur sa flotte , &
les vaisseaux qui en furent frappés , se trouvoient les plus proches du sien.

Pendant que tout le Royaume étoit en
mouvement & ne respiroit que la guerre
sainte , on y fit encore quelques armemens
en faveur de la Maison d'Anjou , que les
Papes avoient enrichie des Couronnes de
Naples & de Sicile , dans la personne de
Charles I. frere de Saint Loüis. Mais ces
armemens furent aussi malheureux qu'ils
pou-

pouvoient l'être , par le peu d'expérience & l'indocilité des Généraux , qui ne sça-voient prendre aucunes mesures : & la Mai-son d'Anjou que ses imprudences ont ren-du si célébre, ne garda pas long-tems les deux couronnes qu'elle ne possédoit en effet que par une vaine libéralité des Pa-pes , & sans aucun droit légitime.

Aux croisades succédérent les longues & importunes querelles des François avec les Anglois : sur quoi je ferai les deux ré-flexions suivantes. La premiére, c'est que Loüis le jeune ayant épousé Alienore ou Eleonore héritiére du Duc de Guyenne , crut être dans la suite obligé de la répu-dier , & il lui rendit ses Etats (*i*) contre toutes les regles de la politique. Pour se venger d'un si sensible affront (car de quoi n'est point capable une femme choquée) elle épousa le Roi d'Angleterre & lui ou-vrit en France une libre entrée, qu'il n'au-

E 4 roit

(*i*) Marc Aurele Antonin qui étoit Empereur du chef de la femme , fit cette réponse à ceux qui lui conseilloient de la répudier à cause de ses horribles déréglemens : *Si dimittamus uxorem , reddamus & dotem.* Machiavel trou-voit cette réponse plus dévote que convenable à un Empereur , devenu par sa qualité le Juge d'une indigne femme.

roit jamais euë fans l'imprudence de Louis le jeune , dont l'efprit foible & bigot fe prêtoit à toutes fortes de fuperftitions , & obligea enfin l'héritiére de Guyenne , en demandant la diffolution de fon mariage , à dire qu'elle avoit compté prendre un Roi & non un Moine. La feconde , c'eft que Guillaume le bâtard ne s'étant mis en poffeffion de fon nouveau Royaume que par le fecours de Philippe I. Roi de France, & de Baudoüin le Comte de Flandres, il auroit dû leur en témoigner une éternelle reconnoiffance. Mais le vaffal heureux & favorifé, ce qui n'eft que trop ordinaire, oublia fes bienfaiteurs : il rougit de leur devoir la couronne, & il tranfmit à fes fucceffeurs des femences d'averfion & de haine , qui dans la fuite germérent de plus en plus. Ce ne furent d'abord que menaces , que traités fecrets , que défis d'un Royaume à l'autre. Mais la guerre s'enfuivit bien-tôt , & la guerre la plus fanglante (*k*) que les François & les Anglois ayent jamais effuyée.

Com-

(*k*) Un de nos Hiftoriens la compare juftement pour fa longueur & fon opiniâtreté , à celle que fe font fait autrefois

Comme ils s'attaquoient les uns les autres sans aucun ménagement, & qu'ils cherchoient toutes les occasions de se nuire ,
il y eût entr'eux plusieurs combats de mer ,
qui par leur durée demanderent des manœuvres assez fines. Les deux plus considérables furent celui de Bayonne sous Philippe le Bel , & celui de l'Ecluze où Philippe de Valois perdit toute l'élite de sa
flotte , en partie par la mesintelligence de
ses officiers,& en partie parce qu'ils ne sçurent point se conserver l'avantage du vent.
Un malheur qu'avoient les François en ces
sortes d'occasions, ainsi que le remarque
le Cardinal d'Ossat , c'est que *nos anciens
Rois n'ayant tenu aucun compte de la Marine , quoiqu'ils eussent un si beau & si grand
Royaume , flanqué de deux mers quasi tout
de son long* , on fut obligé de se servir de
vaisseaux étrangers qui n'obéïssoient qu'a-

E 5 vec

---

trefois les Romains & les Carthaginois , & qui aboutit enfin à la ruine entiére des derniers. Froissard remarque
que les Anglois étoient si follement animés , que plusieurs
Gentils-hommes avoient couvert de drap noir un de leurs
yeux , par je ne sçai quel vœu qu'ils avoient fait de ne jamais regarder de cet œil , qu'ils ne se fussent signalés par
quelque exploit mémorable contre la France.

vec lenteur & répugnance. Il eſt vrai que les Anglois n'en bâtiſſoient point encore chez eux , & qu'ils tiroient les leurs de Veniſe , de Gênes , de Hambourg & de Dantzic : ce qui ne ceſſa entiérement que ſous le regne d'Elizabeth. Mais apparemment que les François étoient alors ou moins habiles dans les expéditions de mer , ou moins heureux que les Anglois. Du reſte , ces deux peuples montroient une égale valeur , une égale témérité , & ils étoient de dignes rivaux les uns des au-tres. Pour ce qui regarde les combats qui ſe donnerent par terre , ils furent tous ex-trêmement meurtriers, mais ce que l'hiſ-toire a cru devoir remarquer , c'eſt que ceux qui remportoient la victoire , qui reſtoient maîtres du champ de bataille , n'é-toient pas toûjours ceux qui méritoient de vaincre. Tantôt par impatience & faute de précautions , comme à Créci , tantôt par une fierté vaine qui dédaignoit l'en-nemi, comme à Poitiers, la France ſe plon-gea dans une ſuite de malheurs & de diſ-graces qui penſa tout bouleverſer.

Charles V. dit *le ſage* répara , quoiqu'il n'eût d'autres reſſources que lui-mêmé ,

tout

tout ce qu'il pût réparer. Ferme au milieu des plus grandes tempêtes, se roidissant contre les difficultés, il convainquit toute l'Europe qu'avec du courage & une certaine force de génie, on pouvoit s'opposer aux plus grands revers, on pouvoit se mettre au-dessus. Mais ce qu'il apprit parfaitement, & ce qu'il regarda comme un des grands principes de l'art de régner, c'est que pour arrêter les efforts des Anglois, il falloit être le plus puissant sur la mer. Ce Prince mit aussi tout en œuvre pour entretenir une flotte, & pour avoir à sa disposition celle des Castillans, qui étoit alors très-nombreuse. En quoi il fut heureusement secondé par Jean de Vienne, Seigneur de Couci, qui possédoit la charge d'Amiral de France & qui l'exerçoit d'une maniére si supérieure, qu'elle l'avoit mis de niveau avec le Connetable. Il répétoit souvent au Roi son Maître une maxime, dont l'avoit convaincu sa longue expérience, c'est que les Anglois ne sont jamais plus foibles ni plus aisés à vaincre, que chez eux-mêmes. Cette maxime ne devroit point être oubliée.

Le successeur de Charles V. tombé en
démen-

démence & hors d'état de se conduire lui-même, ne pût soutenir ce qui avoit été fait pour la Marine. Elle se ruïna d'autant plus vite, que le Royaume déja affoibli par l'incapacité du Maître, étoit encore déchiré par les brigues & les violences des Maisons de Bourgogne & d'Orleans. D'ailleurs, les Anglois s'étoient introduits & fortifiés dans le cœur de la France : & aucune autorité, aucun pouvoir, ne sembloit capable de les en chasser ni de léur faire abandonner des conquêtes si rapidement établies. Il fallût une longue suite d'événemens bizarres & extraordinaires, une prétenduë Pucelle, une épée trouvée dans un tombeau, & qui apparemment y avoit été mise exprès pour changer la face des choses & pour faire rentrer Charles VII. dans sa capitale. Les tems étoient si orageux, les esprits si échauffés, le Roi lui-même avoit encore si peu de puissance, que c'étoit bien assez pour un retour de fortune que de chercher à s'affermir sur le thrône, sans songer à de nouveaux projets. Malheureux le Royaume tombé en décadence, qui reçoit des injures & souffre des affronts, sans être en état de prendre

dre

dre fur le champ fa revenche ! *Et Dieu,
Sire*, difoit le Maréchal d'Aumont à Henri
III. *le pis eſt que tant plus nous ployons,
tant plus on nous met le pied ſur le ventre.
Faites nous combattre & mourir pour votre
ſervice, ou nous chaſſés d'auprès de vous.*

L'envie de s'emparer des richeſſes d'I-
talie, jointe à des conſeils peu prudens &
peu meſurés, engagea (*l*) Charles VIII.
Louis XII. & François I. à faire valoir
leurs prétentions fur le Duché de Milan,
& le Royaume de Naples. La guerre que
ces trois Princes y portéreut, fans doute
avec trop de précipitation, leur promit
d'abord un fuccès heureux : mais elle les
trompa dans la fuite, & leur fit connoître
que *quoique l'Italie ait été ſouvent en-
graiſſee du ſang François*, comme le difoit du Pleſſis-Mornay, *jamais les Lys n'y
ont*

(*l*) Philippe de Comines blâme en pluſieurs occafions le voyage que Charles VIII. fit en Italie. *L'entre-
priſe*, dit-il, *ſembloit à tous gens ſages & expérimentés très
dangereuſe. Car le Roi étoit très jeune, foible perſonne, peu
accompagné de ſages gens, ni de bons chefs, & ſans argent.*
Les principaux Conſeillers qu'il avoit à ſa ſuite, ou,
comme les appelloit Etienne Paſquier, *ſes mignons appren-
tifs en guerre*, étoient Guillaume Briconnet Evéque de
faint Malo, & Jean de Vert Senechal de Beaucaire.

ont pu bien fleurir. Ils remarquerent de plus que c'étoit une néceſſité indiſpenſable , que d'avoir des vaiſſeaux toujours prêts à prendre la mer. Comme ces Princes ſe trouvoient dans une diſette imprévuë , ils eurent recours à la République de Genes, & ils prirent encore d'autorité les navires qui ſervoient aux marchands de Provence, & de Biſcaye. Il n'y avoit alors dans tout le Royaume aucun arſenal de Marine.

Louis XII. s'étant bientôt apperçu que les troupes ſouffroient infiniment dans ces ſortes de paſſages , & qu'elles diminuoient peu à peu par l'avarice & la jalouſie des étrangers , obligea les principales villes du Royaume à lui former une flotte & à l'entretenir pendant les tems de guerre. Paris fut compris dans cette taxe pour un bâtiment de 800. tonneaux : ce qui mit toute la ville en allarme. Le Prevôt des Marchands & les Echevins allerent ſe jetter aux pieds du Roi , qui touché de leurs plaintes & naturellement porté à la douceur, ſe contenta d'un bâtiment de 400. Les autres villes diſpoſées par cet exemple à une prompte obéïſſance , contribuerent à proporportion de la Capitale.

Il y a apparence qu'on auroit dès lors travaillé férieufement à établir une Marine, fans les troubles qui furvinrent & qui partagérent la France en plufieurs factions d'autant plus animées l'une contre l'autre, qu'un zéle furieux & mal entendu les faifoit agir. Tous les efprits (*m*) étoient tournés à la guerre : & fous prétexte de religion, fous une fauffe apparence de bien public, on ne refpiroit que pillages, que meurtres & qu'incendies.

La maifon de Guife cherchoit à s'attribuer toute l'autorité, & à fupplanter celles de Châtillon & de Montmorenci, prêtes tou-

____

(*m*) Pour avoir une idée précife de l'état où fe trouvoit alors la Marine, il fuffit de rapporter les paroles fuivantes tirées de l'inftruction fecrette que Philippe II. Roi d'Efpagne, nommé par diftinction *Dom Philippe el prudente*, laiffa en mourant à Philippe III. fon fils. Ne vous laiffez point entamer, lui difoit-il, fur la Navigation des deux Indes. La fûreté de vos Etats, votre propre réputation en dépendent. La France ne doit vous caufer aucun ombrage : déchirée au dedans & impuiffante au dehors, elle néglige trop les affaires de la mer. Mais défiez-vous des Anglois, craignez les rebelles des Païs-bas, Eux feuls ont le pouvoir & une inclination perfévérante de vous nuire. Joints enfemble, ils peuvent mettre plus de 150. vaiffeaux en mer.

toutes les trois à facrifier les égards les plus impofans à l'envie de dominer. J'avouërai cependant que malgré la difficulté des tems & le defordre des affaires, on rendit alors deux ordonnances fur les détails généraux de la Marine, tels à peu prés qu'ils pouvoient être connus. L'une fût donnée à Amboife par Charles IX. en 1562. & l'autre à Paris par Henri III. en 1584. Mais ces ordonnances marquoient plus le befoin qu'on avoit d'une Marine, qu'elles n'indiquoient les moyens de l'établir : & je croirois volontiers que M. de Villeroy, Sécrétaire d'Etat, y faifoit allufion, lorfqu'entretenant familiérement Henri IV. il lui difoit que *les Rois fes prédéceffeurs dans les plus grandes confufions, avoient toujours fait les Rois, qu'il étoit tems que jaloux des refpects dûs à la Majefté du thrône, il parlât lui-même, écrivît & commandât en Roi.*

Mais par une fuite de difgraces qui s'enchaînérent les unes aux autres, tout l'Etat fe perdit fous Henri III. & *comme fa nature*, dit d'Aubigné, *étoit molle, délicate & lubrique, fon efprit & fon courage foibles, ravallés, impatiens de peine,*
tou-

toutes ses complexions inégales , trop basses pour être guerrieres , il se tourna de tout point aux danses & voluptés effeminées , que peut apporter une longue paix.

Après la réduction de Paris , & les exemples mémorables de clémence & de bonté que donna Henri IV. il fixa ses yeux sur la navigation & le commerce, dont il sentoit assez l'importance par les secours généreux qu'il avoit reçus de la Reine d'Angleterre. Un pareil exemple (*n*) l'enhardit, & il donna ordre au Président Jeannin, qui passoit auprès des Etats Généraux en qualité d'Ambassadeur extraordinaire, de prendre sur cela de justes éclaircissemens & d'amener avec lui quelques Officiers de la Marine , qui eussent fait des Voyages de long cours. Personne certainement n'y étoit plus propre, que ce sage Ambassadeur : & l'on voit dans le recueil imprimé de ses Négociations , une partie des mesures qu'il avoit prises. La

F

foi-

(*n*) Ces secours furent dans la suite chérement payés. L'Angleterre ne fit que trop sentir à la France sa supériorité sur mer. *Cui plus licet quam par est , plus vult quam licet.*

foibleſſe de la France étoit alors ſi grande, qu'elle n'oſoit ſe reſſentir des affronts qu'on lui faiſoit ſans aucun ménagement.

Maximilien de Bethune, Duc de Sulli, en rapporte un dans ſes Œconomies Royales & Politiques, dont il fut le ſujet & le témoin. S'étant rendu à Calais avec des inſtructious ſecrettes pour paſſer en Angleterre, il s'adreſſa à M. de Vic Gouverneur de cette place & Vice-Amiral de France, & il s'embarqua ſur ſon Vaiſſeau qui portoit pavillon au grand mât. A peine y fut-il monté, qu'il apperçut deux flûtes qu'on envoyoit par diſtinction au-devant de lui, & qui s'offrirent de le mener juſqu'à Londres. Mais ces flûtes ne voulurent point le recevoir, que M. de Vic n'eut auparavant baiſſé ſon pavillon, & *qu'il n'eut rendu*, comme le diſoient les Officiers Anglois, *à celui du Roi leur Maître, l'honneur qui eſt dû au ſouverain des mers.* La circonſtance du tems & la néceſſité des affaires obligerent & l'Ambaſſadeur & le Vice-Amiral de ſubir une loi ſi dure, ſi injuſte, ſi humiliante, ainſi que M. le Comte d'Eſtrades le ſçut bien reprocher en 1662. à Charles II. & au Chancelier Hyde ſon premier Miniſtre. Ce

Ce reproche étoit occasionné par une lettre du 25. Janvier de la même année, que lui écrivit Loüis XIV. & qui étoit conçuë dans les termes les plus forts. " Ni le » Roi d'Angleterre, disoit ce grand Prince, » ni ceux dont il prend conseil, ne me con- » noissent pas encore bien, quand ils pren- » nent avec moi des voyes de hauteur & » d'une certaine fermeté qui sent la menace. » Je ne connois puissance sous le Ciel, qui » soit capable de me faire avancer un pas » par un chemin de cette sorte : & il me » peut bien arriver du mal, mais non pas » une impression de crainte. Je pensois » avoir gagné dans le monde qu'on eût » meilleure opinion de moi : mais je me » console en ce que peut-être n'est-ce qu'à » Londres qu'on fait de si faux jugemens. » C'est à moi à faire par ma conduite qu'ils » ne demeurent pas long-tems en de sem- » blables erreurs..... Cependant il est vrai » que rien ne m'est plus indifférent, parce » que je prétens mettre bien-tôt mes for- » ces de mer en tel état, que les Anglois » tiendront à grace que je veuille bien alors » entendre à quelques tempéramens..... » Après tout, rien ne m'est à l'égard d'un

 » point

» point d'honneur, où je croirois la répu-
» tation de ma couronne tant soit peu
» blessée : car en pareil cas , bien loin de
» me soucier ni me mettre en peine de
» tout ce qui peut arriver , je serai tou-
» jours prêt de hazarder mes propres Etats,
» plutôt que de commetrre la moindre foi-
» blesse , qui ternit la gloire , où je vise en
» toutes choses , comme au principal ob-
» jet de toutes mes actions ». C'est-là penser & parler en Roi.

La disette de Navires où se trouvoit
Henri IV. & qui même étoit si grande,
que le Cardinal de Richelieu ne fit point
de difficulté de dire à Loüis XIII. que le
feu Roi son Pere n'avoit pas un seul Vaisseau à sa disposition : cette disette, dis-je,
enhardit le Grand Duc Ferdinand à s'attribuer la domination de la mer Méditerrannée, & à retenir malgré la foi des Traités , les Iles d'If & de Pomegue dont il
s'étoit emparé pendant le feu des guerres
civiles , & par l'imprudence du Gouverneur qu'une partie de plaisir avoit attiré à
Marseille. Personne sur les côtes de Languedoc & de Provence, n'osoit arrêter ses
courses ni ses ravages : l'ennemi triomphoit
de

de notre foibleſſe. On fut enfin obligé de recourir à la voye de la négociation , & d'y faire même entrer le ſaint Siége comme Médiateur. Le Cardinal d'Oſſat en parle fort au long dans une de ſes Lettres, lui qui malgré la Pourpre dont ont l'avoit revêtu , ſe piquoit d'être exactement François. » Je ſouhaiterois , dit-il , que le Roi,
» ſi nous avons la paix , employât à la
» confection d'un bon nombre de Galé-
» res à Marſeille & à Toulon la ſomme
» qu'il auroit dépenſée en un , deux ou
» trois mois de guerre : qui ſeroit une cho-
» ſe de grande ſureté, commodité, orne-
» ment & réputation à la Couronne de
» France ; & mettroit fin à la honte que
» c'eſt à un ſi grand Royaume , flanqué
» de deux mers , de n'avoir de quoi ſe
» défendre par mer contre les Pirates &
» Corſaires, tant s'en faut que contre les
» Princes » *Je ſuis très-étonné* , ajoute le même Cardinal dans une autre Lettre, *de voir la France ſi dépourvuë de vaiſſeaux, là où je vois que ces petits Princes d'Italie, encore que la plûpart d'eux n'ayent qu'un pouce de mer chacun, ont néanmoins chacun ſes Galéres & ſon Arcenal naval.*

F 3

Le

Le grand Duc rompit une feconde fois avec Henri IV. & fe jetta dans le parti des Efpagnols, moins par inclination, que par crainte : & comme le Roi chargea le Marquis d'Alincourt de lui en faire des reproches, l'Italien (*o*) répondit fans fe déconcerter : *Toute la faute eft du côté du Roi votre maître. S'il avoit eu feulement quarante Galéres au port de Marfeille, je me ferois bien donné de garde d'agir comme j'ai fait.* On peut appliquer ici la maxime de Louis XI. cité dans le *Rofier des guerres*, & que tous les Princes devroient avoir préfente à l'efprit. „ Art & fageffe „ vaut plus que puiffance. Car il advient „ fouvent que pour montrer fes banniéres „ ou fes gens en bon ordre, peu de gens „ ont fouvent épouvanté & fait fuir leurs „ ennemis „.

Mais le tems approchoit où un génie créa-

(*o*) Le Roi de Portugal en 1704. fit à peu près la même réponfe au Marquis de Châteauneuf, Ambaffadeur de France. *Si votre Maître*, lui dit-il, *avoit fait croifer une efcadre de trente vaiffeaux entre Lisbonne & Setubal, comme nous en étions convenus, je ne me ferois jamais détaché de fes intérêts.* Voy. la lettre du Roi de Portugal au Pape Clément XI.

créateur, du petit nombre (*p*) de ceux qui ont mérité ce titre, devoit paroître en France : on voit bien que je veux ici parler du Cardinal de Richelieu, dont la prévoyance & l'activité embraffoient toutes les parties de l'Etat, s'étendoient à tous fes befoins. *Je promis au Roi*, dit-il lui-même dans fon Teftament Politique, *d'employer toute mon induftrie & toute l'autorité qu'il lui plaifoit me donner, pour ruiner le parti Huguenot, rabaiffer l'orgueil des Grands, réduire fes fujets en leur devoir, & relever fon nom dans les Nations étrangéres au point où il devoit être.* Il commença dès-lors à jetter, non point au hazard, mais avec une pleine connoiffance, les fondemens d'une Marine. Tout ce qu'elle offre d'avantageux, tout ce qu'elle apporte de fupériorité, il l'avoit connu & démêlé au fiége de la Rochelle qu'il conduifit prefque lui-même par les reffources de fon

F 4

efprit,

(*p*) Qu'on me permette de comparer au Cardinal de Richelieu, un homme qui l'auroit fans doute égalé, *fi profpera fata tuliffent :* c'eft le Cardinal Alberoni. Il avoit reffufcité la Marine d'Efpagne : mais fa difgrace lui porta le coup mortel. Elle n'a fait depuis que languir.

efprit, en qualité d'Ingénieur : & ce qui fe paffa fous fes propres yeux à la defcente des Anglois dans l'Ile de Ré, acheva de le convaincre combien cette Marine étoit né-ceffaire à la France. Auffi, pendant tout le cours de fon miniftére, fit-il raffembler des bois de conftruction, bâtir des maga-fins, & acheter un grand nombre de vaif-feaux : & l'on peut dire que fi d'un côté il fongeoit à rabaiffer le fafte de la Mai-fon d'Autriche, il vouloit de l'autre par-tager avec les Anglois l'empire de la mer, & même fe l'attribuer quelque jour.

La charge de Grand-Maître, chef & furintendant général de la Navigation & Commerce de France, dont il fut pour-vu en 1626. fur la démiffion du Duc de Montmorenci : cette charge, dis-je, lui procura les moyens d'exécuter la plus grande partie de ce qu'il avoit arrangé dans fon cabinet, & lui tranfporta tous les honneurs, toutes les prérogatives de la Marine. Un des premiers ufages qu'il en fit, au grand étonnement de toute la Cour, ce fut d'attaquer le Duc d'Eper-non, qui en qualité de Seigneur de la terre de Candale, prétendoit s'approprier les

épa-

épaves & les dépouilles des vaisseaux, que la mer apportoit sur la côte de Medoc. Le Cardinal d'autant plus supérieur aux autres hommes qu'il ne le craignoit point, revendiqua ce droit, sur tout à l'occasion de deux Carraques Portugaises qui revenant de Goa échouérent sur cette même côte en 1627. Le vieux Duc, alors Gouverneur de Guyenne & de Bourdeaux, résista quelque tems : mais il fallut enfin que *le plus fier de tous les Gascons , & le plus Gascon de tous les hommes*, cédât à une autorité qui surpassoit la sienne. Le droit d'Amirauté lui fut ôté, & réuni à la Couronne.

Un homme d'esprit qui s'étoit beaucoup intrigué à la Cour de Louis XIII. nous apprend que ce Cardinal recevoit avec bonté toutes les propositions qu'on lui faisoit au sujet du Commerce, qu'il excitoit les principaux marchands du Royaume à voyager dans les pays étrangers & à recueillir tout ce que les Arts y ont de curieux, les industries particuliéres de caché ; que de plus il avoit fait venir à ses fraix plusieurs riches Négocians, un Nicolas Witte d'Alcmaër en Hollande, un Fran-

F 5.   çois

çois Billoty de Bruxelles , un Jean du Meurier fieur de Saint Remi de Redon en Bretagne , & avec lefquels il aimoit à fe retirer & à s'entretenir des heures entiéres. Là , il pefoit les forces du Royaume : il entroit dans les calculs les plus embarraffans , & les détails le plus laborieux : il cherchoit les moyens de fe paffer des Manufactures étrangéres , & de les naturalifer en France. On dit même qu'il vouloit établir une commpagnie générale de Commerce fous le titre de *la Nacelle de Saint Pierre Fleurdelifée.* Cette compagnie auroit eu des comptoirs & des entrepos dans les principales villes du Royaume , & elle fe feroit chargée d'y faire entrer toutes les marchandifes qui nous manquent, & que produifent les régions les plus éloignées. Un de fes premiers articles portoit que toutes perfonnes de quelque rang & de quelque condition qu'elles fuffent , pouvoient y prendre part & faire fous fes ordres le Commerce de mer , fans craindre pour cela de déroger à Nobleffe , ni de fouffrir (*q*) aucun reproche. N'eft-il

pas

(*q*) Ce titre paroitra fans doute extraordinaire à ceux
qui

pas étonnant que l'Art de détruire les hommes reléve, & que celui de les conferver, celui de leur procurer tout ce qui leur eft néceffaire foit pour la commodité de la vie, foit pour l'agrément, aviliffe ?

Le promt fuccès dont furent accompapagnés les premiers deffeins du Cardinal de Richelieu, à la grande furprife de ceux même qu'il y avoit employés, fit connoître de quoi la France feroit capable, quand elle viendroit à étaler toute fon adreffe & à déplier toutes fes forces ; quand elle feroit fortir de Breft & de Toulon des Flottes entiéres, fuperbement équippées & commandées par des Officiers expérimentés ; quand fes vaiffeaux répandus dans l'Océan & la Méditerrannée, établiroient par tout le refpect que mérite le Pavillon blanc ; quand pour punir des traîtres & des audacieux, elle enverroit bombarder Génes & Alger, & porter la terreur jufqu'au milieu de l'Afrique ; quand enfin elle

qui ignorent que, dans les meilleurs projets du Cardinal de Richelieu, il y avoit toujours quelque chofe de romanefque. Témoin fon attachement pour les piéces, de théatre, & les noms pleins de fafte qu'il fe plaifoit à leur donner.

elle réſiſteroit ſeule aux flottes combinées de tous ſes ennemis. A l'égard du Pavillon blanc qu'arborent les Vaiſſeaux du Roi, on peut dire de lui ce que diſoit Henri IV. à la bataille d'Yvri : *Si vos Cornettes vous manquent, ralliez-vous à mon panache blanc. Vous le trouverez toujours au chemin de la victoire & de l'honneur.*

Le long & brillant régne de Louis XIV. fournit à la Marine toutes les occaſions qu'elle pouvoit ſouhaiter, pour ſe diſtinguer, pour faire voir qu'elle uniſſoit le courage à l'intelligence, la hauteur du commandement à la promtitude de l'exécution, la fermeté dans les périls à l'habileté néceſſaire pour s'en tirer. Les premiers efforts de cette Marine ainſi accruë & fortifiée, porterent hautement le nom François dans les païs les plus éloignés, & où à peine pouvoit-il ſe promettre de parvenir. Notre nation oſa ſe flatter dès ce moment qu'elle ſurpaſſoit toutes les autres, ou du moins qu'elle ſeule les contrepeſoit : & on lui rendit un hommage de reſpect & d'admiration dans des lieux, où l'on ne pouvoit guéres la connoître que par ſes Vaiſſeaux.

Cha-

Chacun fçait la part que la Marine a euë, & qu'elle devoit certainement avoir dans cette suite de succès favorables, dont la vie de Loüis XIV. a été parsemée. Tantôt on affoibliſſoit par des combats réitérés les forces maritimes des ennemis ; & on les empêchoit pour quelque-tems de reparoître en corps d'armée : c'eſt ce que fit le grand du Queſne après que la ville de Meſſine ſe fut donnée à la France : il battit deux fois la flotte des Hollandois, bleſſa à mort l'Amiral Ruyter & reſta ſeul maître de la Méditerranée. Tantôt on enlevoit des tréſors immenſes que les Navires ennemis portoient aux Echelles du Levant, témoin la perte que firent les Anglois en 1693. de la flotte deſtinée pour Smyrne, ou qu'ils rapportoient des Indes Orientales ; témoin les priſes faites par Mrs. de Neſmond & des Augers. Tantôt on mettoit avec peu de forces nos Colonies en état de défenſe, & on ne craignoit point qu'elles fuſſent inſultées par de plus grandes, l'Amiral Ruyter n'ayant pu avec quarante-huit Vaiſſeaux & 3000. hommes de débarquement s'emparer du Fort Royal de la Martinique, ni les Anglois avec trente-

qua-

quatre Vaiſſeaux & 6000. hommes de débarquement cauſer le moindre préjudice à
Quebec. Tantôt on diſpoſoit des flottes
entiéres de marchands & de pêcheurs,
malgré la vigilance des convois & l'aprêté
des mers du Nord, ainſi que l'ont ſouvent exécuté le Chevalier Bart, le Comte
de Fourbin, le brave Saint Paul, Tourou-
vre & Roquefeuil ; le premier encore plus
heureux que les autres pour avoir en 1694.
arraché aux ennemis une flotte chargée de
blé, & l'avoir conduite en triomphant à
Dunkerque, dans un tems où le Royaume
ſouffroit une eſpéce de diſette. Tantôt on
faiſoit des deſcentes avec cette intrépidité
dont les François ſeuls ſont capables, comme le Maréchal d'Eſtrées à Tabago, où
l'on mettoit à contribution des Villes très-
puiſſantes, ſurpriſes de ſe voir renduës,
comme Pointis à Carthagéne & du Gué-
Trouin à Rio-Janeïro. Tantôt on puniſ-
ſoit une République auſſi riche par ſon
Commerce, auſſi ſuperbe par ſes Palais,
que puiſſante ſur mer, & on l'obligeoit à
faire des ſoumiſſions inouïes & contraires
à la conſtitution même de ſon Etat. Tantôt avec un moindre nombre de Vaiſſeaux,
on

on ne craignoit point d'attaquer une flotte qui étoit compofée de près du double, ainſi que fit le Maréchal de Tourville entre le Cap de la Hogue & la pointe de Barfleur ; lui, qui avec cinquante Navires de ligne feulement, fe défendit contre quatre-vingt-huit Navires des ennemis : combat des plus mémorables, & où la valeur des François égala leur capacité dans la manœuvre. Enfin la Marine a été très-employée fous Louis XIV. & il y a apparence que fi l'on eut cherché à l'employer plus utilement qu'on n'a fait, lorſque Philippe V. monta fur le Thrône d'Eſpagne, toutes les guerres qui s'en font enſuivies & qui ont cauſé tant de défaſtre & tant de bouleverfement dans l'Europe, n'auroient pas eu lieu.

Un fameux Miniſtre d'Eſpagne, Antonio Perez, qui avoit trouvé pendant fa difgrace un azile à la Cour de France, & qui vouloit faire voir que s'il étoit malheureux, il ne méritoit pas le nom d'ingrat, difoit que pour élever ce Royaume au deſſus de tous les autres, il lui falloit trois chofes : *Confejo, Pelago, Roma :* un Conſeil fage & impénétrable, une Marine ſoigneuſement entretenuë, point de diſputes ni de brouilleries en matiere de Religion. Que ces paroles qui ſont toutes d'or, renferment un grand ſens! Qu'elles méritent d'être étudiées par tous ceux qui s'intéreſſent aux évenemens publics , & s'en font un ſujet d'amertume ou de joye! Qu'elles doivent amortir le fol orgueil qui mépriſe les régles anciennes, & le zéle amer qui ne ſe plaît qu'à diſputer & à nuire, au lieu de chercher à ſe tolérer & à s'éclairer mutuellement!

TROISIE'ME PARTIE.

J'AI tâché de faire voir par quelles ré-volutions la Marine a passé en France, par quels dégrés elle est parvenuë à l'état florissant où Louis XIV. l'avoit élevée pendant son régne. Reste présentement à montrer combien il nous est facile de la soûtenir dans le même état, & si par hazard elle en étoit déchuë, de l'y rappeller. Nous avons pour cela divers avantages, qui manquent aux autres peuples de l'Europe. Car je ne compte pour rien les Corsaires d'Afrique, plus propres à un coup de main qu'à une guerre réfléchie, insolens quand on leur céde, & lâches quand on les attaque, du reste sobres à l'excès. Quelque méprisable cependant que soit cette Milice Turque, elle ne laisse pas d'avoir une premiére ardeur qui surprend, & qui se trouve en partie fondée sur l'opinion où elle est, que tout arrive nécessairement, que tout céde à une fatalité inévitable.

Le Pavillon de France ayant été dans quelques rencontres insulté par les Cor-

G

faires

faires de Barbarie, Louis XIV. qui favoit fe faire rendre tout ce qui lui étoit du , en tira une vengeance éclatante. En 1681. le grand du Quefne pourfuivit par fes ordres les vaiffeaux de Tripoli jufques dans le port de Sçio : & malgré la protection que leur donnoit le Bacha Turc , il les y attaqua fans balancer , les foudroya de toute fon artillerie & en coula plufieurs à fond. Les deux bombardemens d'Alger en 1682. & 1688. font encore connoître la puiffance de Louis XIV. fupérieure à tous les évenemens. Cette ville fuperbe , après avoir été remplie de meurtres ; de fang , de ruines & de débris , demanda humblement la paix & ne l'obtint qu'aux conditions les plus dures , dont elle fe reffouvient encore.

A l'égard des avantages qui regardent la Marine & que la France trouve dans fon propre fein, on les peut reduire à quatre : & le premier fans contredit eft fa fituation , la plus commode & la plus avantageufe qui foit au monde, tant pour attaquer que pour fe défendre, tant pour troubler le Commerce des aûtres que pour faire fleurir le fien , envoyer en tous lieux & recevoir

cevoir de toutes parts des vaisseaux marchands. C'est ce qui faisoit dire au feu Czar Pierre I. toujours plein de vastes projets, & au Roi de Suéde Charles XII. si malheureusement assassiné devant Frideriks-Hall, que *si quelque Royaume pouvoit aspirer à maîtriser tous ceux qui l'environnent, c'étoit la France.* En effet, elle est placée comme au milieu de l'Europe : rien ne la gêne, rien ne lui porte obstacle. D'une part, elle domine sur l'Océan, & il semble par la longue étendue de ses côtes, par leurs détours & leurs sinuosités, que les mers d'Espagne, d'Allemagne & de Flandre s'empressent de lui rendre hommage : de l'autre ; elle tient à la Méditerranée, regardant presque de front la Barbarie, & ayant à sa droite l'Espagne, à sa gauche Nice, Génes, les Etats du Grand Duc & tout le reste de l'Italie. Quelle situation, si l'on en sçavoit profiter ; & qu'ouvrant les yeux sur ses propres intérêts, on ne languit point dans une molle oisiveté ?

Les Anglois & les Hollandois vont chercher au loin tout ce qui leur est necessaire, & ils sont obligés de s'écarter considérablement pour reconnoître & attaquer

G 2

leurs

leurs ennemis : au lieu que les François peuvent affaillir de proche en proche , combattre avec avantage & fe retirer à propos, ce qui n'eft pas d'un médiocre fecours à la mer où les périls font fi fréquens & fi foudains. Il y a plus. Les navires étrangers qui reviennent de long-cours , las & battus par les vents & par les tempêtes, ordinairement de vieille caréne & dénués d'hommes, paffent prefque tous fous nos yeux, *au devant & à la vuë & à la merci de la France* , comme parloit le Cardinal d'Offat , & s'approchent malgré eux de nos ports. Et l'on juje bien quelle facilité il y auroit à les enlever , ou du moins à inquiéter leur navigation : *ce qui tourneroit , ajoûte le même* Cardinal , *à profit & commodité , à la fûreté , grandeur & réputation de la Couronne.*

Au refte, tout ce que je dis ici n'eft point pour faire l'éloge de la guerre, pour y tourner des efprits qui n'y auroient peut - être que trop d'inclination. Je fens au contraire tout le mérite d'un gouvernement doux & moderé ; d'un gouvernement où préfident la juftice & la bonne foi, où en
tâ-

tâchant d'écarter au déhors toutes femences de haine & de jaloufie, on tâche au
dedans de conferver la paix & la tranquillité. Mais pour n'y être point trompé, difoit le Cardinal de Richelieu, *il faut dor-*
mir comme le Lion fans fermer les yeux,
qu'on doit avoir continuellement ouverts,
pour prévoir les moindres inconveniens qui
peuvent arriver . . . . Auffi voit - on
fouvent dans les Etats, que les maux qui
font imperceptibles de leur origine & dont
on a moins de fentiment, font les plus dan-
gereux, & ceux qui viennent enfin à être
de plus grande conféquence.

En effet, un Prince fage & attentif à
fes intérêts, doit veiller inceffamment fur
tout ce qui peut fervir ou préjudicier aux
droits de fa Couronne. Il doit avec la même vigilance balancer chaque jour la fituation préfente de fon Royaume avec celle
des Royaumes qui l'environnent. Tant
que cette balance eft égale, on voit régner
une douce union : auffi - tôt qu'elle manque, les querelles, les animofités, les dif-
fenfions naiffent & s'entretiennent. La
France eft trop éclairée, pour ignorer jamais jufqu'où s'étend fa puiffance : & ce

fe-

feroit l'outrager fenfiblement , que de foupçonner qu'elle l'ignorât. Toujours à portée de déclarer la guerre , elle ne doit point l'entreprendre injuftement : toujours en état de fe défendre , elle ne doit jamais être en volonté d'attaquer. *Veniendum tunc ad arma ,* difoit Theodoric Roi d'Italie , *cum locum apud adverfarios Juftitia non poteft reperire.*

On rapporte que Henri III. s'imagina une nuit qu'il étoit au milieu d'une troupe de Lions, de Tigres, de Leopards prêts à le dévorer : & le lendemain , ce Prince tout hors de lui-même & craignant les fuites d'un fonge qu'il devoit méprifer , courut au château de Madrid où il entretenoit beaucoup d'animaux fauvages & étrangers , & il les fit tuer en fa préfence. Cette tragédie le raffûra , toute ridicule qu'elle étoit par fon denouëment. Quelcun pouvoit lui dire à l'oreille : Les animaux qui vous menacent , ne font point ceux de votre ménagerie , mais bien vos voifins toujours difpofés à vous nuire , & plus que tous les autres , vos voifins maritimes.

Le fecond avantage dont nous devons

nous

nous féliciter, eſt la ſûreté de nos côtes qui ſe défendent preſque d'elles-mêmes, & qui ont fait manquer juſqu'à préſent toutes les deſcentes qu'on y a tentées. Témoin celles que l'Amiral Tromp voulût faire en 1674. tant aux embouchures de la Loire & de la Garonne, que le long des côtes de Bretagne, de Poitou, de Saintonge & de Guïenne. Il trouva que tout y étoit ſi bien gardé, & qu'on avoit donné par tout de ſi bons ordres, qu'il n'oſa rien entreprendre de conſidérable. Témoin encore la deſcente que Mylord Barclay voulût faire en 1694. à Camaret, dans laquelle les Anglois perdirent plus de douze cens hommes, avec le Général Talmach qui commandoit le débarquement. LesFrançois cependant n'y oppoſérent que deux compagnies franches de la Marine, & les Milices Garde-côtes. Piqué de cette malheureuſe expédition, Mylord Barclay tenta pluſieurs autres deſcentes en Normandie & en Flandre, qui toutes n'eurent pas un ſuccès plus favorable.

A cette ſûreté naturelle de nos côtes qui retranche bien des dépenſes, ſe joint la fertilité de nos Provinces Maritimes,

G 4

tant

tant de celles qu'arrofe l'Océan : fertilité qui rend ces Provinces agréables , opulentes, peuplées, & qui y attire grand nombre d'étrangers. Les autres Royaumes de l'Europe au contraire fe plaignent tous de la fituation fâcheufe de leurs côtes. Ici , elles font fteriles & s'élévent en montagnes de fable : là , rien ne croît d'utile, rien ne vient à maturité : plus loin , la nature eft auffi défigurée & auffi méconnoiffable , que les hommes qui y font leur demeure. Ces Royaumes cependant ont un mérite qui leur eft propre & que j'oferois prefque leur envier ; c'eft que la mer venant baigner les villes principales où féjourne la Cour, on s'y apprivoife bientôt avec tout le détail qui appartient à la Marine : on y admire combien il a fallu d'art & d'intelligence, pour faire jouër les différentes parties qui la compofent & les affortir les unes aux autres : on y faifit de la main, pour ainfi dire, les richeffes, les commodités,tous les fecours qu'elle apporte : on s'intéreffe enfin à fes progrès fucceffifs, & les plus aveugles conviennent que de fa perfection dépend le bonheur même de l'Etat. C'eft ce qui arrive tous

les

les jours en Portugal, en Moscovie, en Dannemarc, en Suéde, en Angleterre, en Hollande, dont les villes capitales voyent de si près la mer. Paris au contraire ne la connoit que par des rélations tronquées, &, si j'ose ainsi les nommer, de la seconde main. On y vit dans une indolence volontaire pour tout ce qui n'est point agrément, ou plaisir : & je suis sûr que de la moitié des choses qui s'y consomment & des raretés qui y brillent, on ignore à quelle contrée ou à quelle industrie on en est heureusement redevable.

Cette ignorance presque générale & de ce qui naît dans le Royaume, & de ce qui vient d'ailleurs, de ce qui est absolument nécessaire aux besoins de la vie & de ce qui ne peut servir qu'à fomenter la fainéantise & accroître le luxe, donne lieu au peu de cas ou même au mépris qu'on fait de la navigation & du commerce. Mais ce mépris injuste cesseroit bientôt, si au lieu d'une éducation sédentaire & ménagée à l'ombre des murs domestiques, on faisoit voyager les jeunes gens que la naissance ou la fortune destine aux premiéres places ; si on leur expliquoit en dé-

 tail

tail tout ce qui a rapport à nos Colonies ; tout ce qu'elles envoyent d'indispensable aux divers besoins du Royaume qui redoublent encore chaque jour ; si on les instruisoit des principales Manufactures qui ornent & enrichissent les Provinces, de celles qui ont dégeneré, de celles qui pourroient encore (*a*) s'y établir, afin d'empêcher des sommes considérables de passer aux étrangers ; si enfin on leur faisoit connoître les trois branches qui constituent les richesses du Royaume, savoir, les fonds de terre, le commerce & l'industrie ; si on leur marquoit quel rapport ont entre elles ces trois branches, combien elles se doivent étayer & soutenir mutuellement l'une l'autre, combien les biens réels d'un Etat augmentent de valeur à mesure que le commerce & l'industrie augmentent euxmêmes, & font circuler l'or & l'argent devenus le gage, la mesure commune de la confiance du public & de l'autorité du Sou-

____

(*a*) Il est étonnant qu'on ne puisse faire en France de l'huile de Lin. Toutes les graines que nous recueillons, se transportent en Hollande, & s'y convertissent en huile. Ils nous rendent ensuite de nouvelles graines pour semer. C'est un objet de 7. ou 800000. l. de Commerce.

Souverain : tout cela réduit à de juftes compenfations & à des calculs affez délicats, pour ne point trop charger la mémoire. Une pareille éducation ne vaudroit-elle pas bien toutes celles dont on fait tant de cas ? N'en tireroit-on pas & plus d'inclination & plus de profit pour le bien public ?

Le troifiéme avantage qu'a la France, c'eft que les armemens les plus confidérables s'y peuvent faire avec promptitude, & avec facilité. Non feulement elle tire de fon fonds prefque tous les matériaux que demande la Marine, mais elle nourrit encore un grand nombre d'ouvriers habiles, & capables de mettre ces matériaux en œuvre. Il y a même parmi ces ouvriers des pratiques très-ingénieufes, peu connuës ailleurs, qui ont été inventées en divers tems, & qui paffent des Péres aux fils. Ces pratiques confiftent, non en raifonnemens embarraffés, mais en expériences & en faits qui fuffifent pour le fervice courant de la Marine, où il eft d'ordinaire plus à propos d'exécuter vîte que de fonger à finir ce qu'on exécute, où tout ce qui fe fait à bras d'hommes eft préférable à ce qui fe fait par machines. La
conclu-

conclufion de tout cela, c'eft qu'on ne peut conferver avec trop de foin les races de ces fortes d'ouvriers, où l'induftrie fe perpétue & fe renouvelle, pour ainfi dire : races roturiéres, il eft vrai, mais qui furpaffent à mon gré la nobleffe oifive & dont le plaifir eft la feule occupation : *Noble∬e*, comme le dit Mr. de Sully, *où il fe trouve plus de gentils - hommes qui font mef-tifs & plus propres à faire les marjolets, berlandiers & batteurs de pavé, qu'à s'em-ployer à la vraye vertu, & aux armes pour bien fervir leur Roi & défendre leur Pa-trie.*

Ce que je viens de dire me rappelle une excellente remarque, que M. Colbert infera de fa propre main dans l'inftruction qu'il fit dreffer en 1681. pour la teinture des laines de toutes couleurs, & pour l'a-mélioration des drogues ou ingrédiens qu'on y employe. » On ne fauroit, dit-il, » envifager la fertilité de la France, ni voir » une fi grande troupe de fainéans qui de-» meurent inutiles & les bras croifés, pen-» dant qu'ils peuvent être employés utile-» ment à la culture des terres & à plufieurs » autres biens dont la nature nous favo-rife,

» rife, pour vivre aux dépens du fang &
» de la fubftance des autres, fans blâmer
» la politique & la négligence des anciens
» François, & leurs attachemens pour les
» emplois inutiles, qui ayant accoûtumé
» de les remplir de vent & de fumée, leur
» ont fait produire les tourbillons & les
» tempêtes qui ont penfé fouvent renver-
» fer & détruire cet (*b*) Etat fous les guer-
» res civiles ».

Avant M. Colbert, on étoit obligé de faire venir de Hollande prefque toutes les munitions qui fervent à la Marine, jufqu'à des pattes d'ancre, de la mêche, des cordages, des cables tout préparés, du falpêtre & même de la poudre à canon : comme s'il n'y avoit point alors dans le Royaume des forges, du chanvre, du fer, du foufre, des falpêtrieres, des hommes capables d'un travail fuivi. M. Colbert voulut fans replique qu'on fe pafsât des Manufactures étrangeres, & il en établit fur de meilleures modelles, qui les firent bien-

tôt

(*b*) Les plus cruelles & les plus fanglantes ont été excitées à l'occafion de la nouvelle Religion, qui s'introduifit en France fous Henri II. & s'accrût fous fes enfans, trop foibles pour s'y oppofer.

tôt éclipfer. Il voulût de plus qu'on tirât des richeffes naturelles du Royaume, tout ce qu'elles étoient capables de produire. Il créa en France les arts, le goût, le génie, que la France ignoroit, & qu'elle a depuis portés à une fi grande perfection : & à l'égard de quelques induftries particuliéres, il fit venir des païs où ces induftries étoient le plus en réputation, des hommes intelligens qui s'habituérent dans le Royaume, & dont la pofterité enrichie par fes mains, fait encore honneur à fon choix. Que cet exemple mériteroit d'être fuivi ! Et combien un accueil obligeant n'attireroit-il point d'illuftres étrangers parmi nous !

J'avouë qu'il y a quelques denrées & quelques marchandifes néceffaires à la Marine, que le Nord feul produit. Mais il fera toujours aifé de s'en pourvoir, en obfervant les deux conditions fuivantes : la premiére, de nous attacher par des liens redoublés une des trois puiffances qui dominent fur la mer Baltique ; la feconde, de faire par nous-mêmes ce commerce, fans recevoir les chofes de la feconde & de la troifiéme main, fans payer des commifmissions qui sont toujours pesantes (*e*) & ruineuses.

Ici, je rapporterai un usage très-censé qui s'observe en Angleterre, & qu'on peut regarder comme la base de tout son commerce. Il n'y est permis qu'aux seuls Anglois de transporter les marchandises qui naissent dans le païs, & d'y ramener celles que produisent les païs étrangers. Cet usage met, pour ainsi dire, toute cette grande Ile en mouvement, & est cause que la valeur des espéces qui y circulent, se trouve à peu près proportionnée à la valeurs de tous les effets réels qu'on y connoit. Il empêche de plus qu'un esprit d'indolence ne se communique de proche en proche, & que cet esprit plus touché de ses malheurs que soigneux de les réparer, ne cause enfin la chûte entiere de l'Etat. La liaison qui unit & rapproche les diverses parties de la societé, est si intime, qu'on ne sauroit en frapper une, sans que
le

(*c*) Il entre tous les ans dans la mer Baltique sept ou huit cent vaisseaux, dont la plûpart sont Hollandois. A peine la France y en envoye-t'elle vingt-cinq. Encore sont-ils presque tous de Dunkerque.

le contrecoup ne porte fur toutes les autres.

Quoique les tems fuffent très‑difficiles
& très-mêlés fous Charles I X. on y avoit
cependant compris la néceffité d'un pareil ufage. En effet ce Prince appuyé d'u-
ne ordonnance de Henri II. fon Pere, défendit vers le milieu de l'année 1567. & à
tous fes fujets de fréter aucun navire étranger, & aux étrangers d'enlever aucune marchandife de France qu'avec des navires
François, fur peine de confifcation. Le fel
fut feul excepté, à caufe du grand débit qui
s'en faifoit alors : débit qui eft fort tombé, depuis que les Hollandois & les autres peuples du Nord vont chercher celui
de Portugal, & s'en contentent. Croiroit-
on que le retranchement (*d*) d'un commerce fi ancien & fi profitable, d'un commerce que le Cardinal de Richelieu efti-
moit plus que les Indes du Roi d'Efpagne,

(*d*) On ne peut trop en France invectiver contre les
financiers & les autres gens d'affaires, qui à la fin rui-
neront tout ; ils genent l'induftrie & le commerce qui
méritent tant d'être favorifés, & ne veulent de profits que
pour eux feuls.

gne, vient de quelques taxes mal enten-
duës, à quoi l'on a voulu l'affujettir ?
Quel bonheur pour le Royaume, fi l'on
avoit alors penfé que toute opération de
finance qui nuit au commerce, eft par-là
même pernicieufe, & qu'à l'égard des denrées qu'exigent les befoins indifpenfables
de la vie, la confommation en diminuë
à mefure qu'on les furcharge d'impôts !

La feule remarque fur laquelle on pourroit ici appuyer, regarde la difette où l'on
commence à fe trouver en France des bois
de conftruction. Mais cette remarque ne
doit pas plus tomber fur ces bois, que
fur tous les autres, fur ceux de charpente, de charronnage & à brûler. Ces derniers particulierement font en tous lieux,
& d'une rareté, & d'un prix extraordinaires. Les forges, les verreries, le luxe des
grandes Villes, les recherches trop curieu-
fes de la bonne chére, en confomment
une quantité furprenante & qu'on n'a point
foin de remplacer. Tout manque, & dé-
périt.

Voilà fans doute des confidérations affez importantes, pour aiguifer le zéle de
ceux que regarde, & qu'intéreffe le dé-
H tail

tail des eaux & forêts : confidérations qui doivent les porter à dire avec un des plus habiles hommes de l'Empire Romain, *qu'il ne faut point fe féliciter d'avoir rien fait lorfqu'il refte encore quelque chofe à faire.* Et combien en refte-t-il, que même on ne connoît pas ! Combien de chofes ignorent ceux qui font chargés de ce détail, & que certainement ils ignoreront, tant que les menera un vil intérêt ?

Perfonne ne peut douter que les bois de haute futaye n'ayent autrefois été beaucoup plus communs, qu'ils ne le font préfentement. Plufieurs villes, plufieurs bourgades, une grande partie des Abbayes qui en paroiffent aujourd'hui très-éloignées, y touchoient non-feulement, mais étoient encore au milieu de ces bois. J'ai parcouru une longue chaîne de montagnes, qui s'étend d'Occident en Orient, & paffe au travers de prefque toute la Bretagne. L'ancienne tradition du païs porte que ces montagnes (*e*) qui fe fuccédent les unes

aux

(*e*) On les nomme montagnes d'*Aré* ou d'*Adaré* : deux termes qui en langue Celtique fignifient. *Quoi encore!*

&

aux autres , n'étoient autrefois qu'une forêt continuée : & effectivement j'y ai fait fouiller en une infinité d'endroits jufqu'à 35. & 40. piés de profondeur, & j'y ai trouvé parmi beaucoup de dépouilles du régne végetal & du régne animal, des arbres prefque tout entiers , & auffi fains que fi on ne venoit que de les abbattre. Ce qui n'a pu provenir que de la qualité du terrain où ils étoient plantés, terrain fec & pierreux, mêlés d'un fable rouge & de parties ferrugineufes que le couteau aimanté enleve aifément.

Mais le plus grand tort qu'on ait fait à la Marine , ç'a été de n'avoir point confervé les forêts qui étoient fituées aux bords de la mer, & aux environs des rivieres navigables. Ces forêts condamnées les unes après les autres, ont été abbattuës par caprice & fous des prétextes frivoles. Combien de fraix & de dépenfes, combien de tranfports onéreux n'épargneroient - elles pas, fi elles fubfiftoient encore ? Il paroît qu'on avoit fait autrefois toutes ces réfle-

H 2   x'ons,

& qui marquent la furprife continuelle des voyageurs engagés au milieu de ces montagnes.

xions, & que les Gouverneurs des Provinces maritimes étoient particulierement chargés du foin des bois, de l'infpection de la mer & des rivieres : d'où ces Gouverneurs, *Officiers muables à la volonté des Rois, encore qu'aucuns fils ayent fuccédé ès offices de leurs peres, pour être héritiers de leur vertu,* prirent le titre (*f*) de *Foreftiers.* Ce titre fut principalement en vogue fous la feconde race de nos Rois : & l'on affure que Charlemagne s'en fervit le premier, pour honorer un Seigneur Saxon qu'il établiffoit dans la Flandre, dont les côtes étoient alors toutes nuës & expofées aux incurfions des Danois. Il y a apparence que ces grands *Foreftiers* remplirent la place des Officiers, qui commencerent à être connus vers le tems où régnoit l'Empereur Conftantin, fous le nom de *Comites litoris Saxonici per Britanniam,* de *Comites Cimbrici & Batavici litoris,* de *Duces tractus Aremoricani, &c.* Ces Officiers étoient fort puiffans, & ne reconnoiffoient au-deffus d'eux que le Préfet du Prétoire

des

___

(*f*) Voy. le Recueil des Rois de France, leur Couronne, & Maifon, &c. par Jean du Tillet.

des Gaules : ils veilloient également à la sûreté des côtes & à la conservation des forêts, des châteaux & des autres édifices dont ces côtes étoient revêtuës.

Le célébre Jean du Tillet, Greffier en chef du Parlement de Paris, observe que le nom de *Forêt* dérive d'un vieux terme bas-Allemand, qui ne s'applique pas moins aux rivieres qu'aux bois. Il cite sur cela plusieurs titres authentiques qui se gardent dans les Archives du Palais, un entr'autres où Childebert fondant l'Abbaye de Saint Germain des Prez, lui céde tous les droits qu'il avoit en la riviére de Seine, *tel qu'il les tenoit*, ajoûte le même du Tillet, *& que sa forêt étoit.* La véritable signification de ce terme vient sans doute de ce qu'anciennement tous les bords, tous les environs de la mer & des riviéres étoient chargés d'arbres : & comme ils furent les premiers habités, défrichés, cultivés, on nomma également *Forest* tout le domaine qui regardoit les eaux & les bois. Le voisinage les rassembla sous la même dénomination. Mais quand les peuples commencérent à s'augmenter, que la barbarie fit place à des mœurs plus douces,

 plus

plus polies & plus voluptueufes , on ac-
crut l'enceinte des villes , on y introduifit
les arts & les commodités de la vie qui
fe rafinent de jour en jour. Il fallût facrifier à tous ces ufages une grande quantité
de bois, & fe mettre, pour ainfi dire , en
liberté de refpirer. De-là vient qu'on ne
garda que quelques arbres de décoration ,
& qu'on abattit tous les autres , fans pen-
fer qu'un agrément paffager expofoit à de
longs repentirs. En effet, on fe plaint dans
prefque tout le Royaume que les bois manquent , ou du moins qu'ils ruinent en frais
de voiture.

Feu M. le Marquis de Seignelai , dont les
vûës s'étendoient jufqu'à l'avenir , avoit
formé le deffein de faire planter tous les
bords de la mer , d'arbres propres à la
conftruction des vaiffeaux. Je ne fçai quel
obftacle a traverfé ce deffein, digne affû-
rément du miniftére le plus éclairé. Peut-
être qu'après une mûre délibération , M.
de Seignelai fe défia du génie des François , qui d'abord faififfent avec ardeur les
chofes nouvelles , & qui les abandonnent
dans la fuite avec dégoût. Il craignit qu'un
projet qui ne devoit réüffir que dans un
fié-

fiécle ou un fiécle & demi , ne parût un projet chimérique. Car nous autres Fran-çois, par une rapidité & une intempéran-ce de goût , nous voulons qu'on propofe & qu'on exécute en même tems , qu'on invente & qu'on perfectionne. *Les ouvra-ges de longue haleine , difoit le Cardinal de Richelieu, font peu propres à notre hu-meur & à notre naturel.*

Le dernier avantage regarde l'ordre & la police, en un mot, le tout enfemble de la Marine. Ses différens ufages , fes régle-mens , fes emplois, fes travaux font difpo-fés de maniére qu'ils rentrent & fe confon-dent les uns dans les autres , qu'ils fe prêtent mutuellement la main. On n'y a point à craindre ce qui révoltoit fi fort le fameux Duc de Sully , devenu Surintendant des finances. Comme on l'arrêtoit à cha-que inftant par un monceau de formali-tés inutiles , par des conteftations & des reproches mal fondés, il répondoit de ce ton brufque qui lui fiéoit à merveilles. *Les Etats ne fe gouvernent point avec des mains de papier , des peaux de parchemin , des coups de ganivet , des traits de plumes , des paroles vaines , bref avec des imagina-*

H 4 *tions ,*

tions , fantaifies , mines & fimagrées Le but de ce Miniſtre étoit de hâter & de ſimplifier les opérations de finance , & il craignoit juſtement qu'un long amas de formalités & de détails ne fit oublier ce que les affaires ont d'eſſentiel & de déciſif. A l'égard de la Marine, elle eſt partagée en deux corps qui connoiſſent aſſez leurs droits & leurs prérogatives , pour s'entr'obſerver avec quelque jalouſie, pour s'avertir réciproquement de leurs devoirs : & pendant qu'un de ces corps ſe dévouë aux fatigues de la guerre , qu'il ſe diſtingue par ſa fermeté & ſa bravoure, qu'il recherche les occaſions brillantes & périlleuſes , l'autre plus tranquille en apparence lui épargne mille ſoins & mille inquiétudes qui le conſumeroient inutilement. Le courage ſe refroidit, quand on lui ôte la liberté d'agir dans toute ſon étenduë , quand on le reſſerre par des ſoins importuns. Il ne lui faut que des occaſions favorables pour paroître , & pour ſe diſtinguer. C'eſt ce que penſoit M. de Turenne, ſur-tout les derniéres années de ſa vie, avec une confiance digne d'un ſi grand Homme. *Je n'ai,* diſoit-il, *qu'une ſeule choſe à faire*

faire , qui eſt de vaincre. Choiſi a mis les places de la frontiére en état de ſe défendre , du Metz a eu ſoin de l'Artillerie , Jacquier ne me laiſſera point manquer de vivres.

Et puiſque je viens de parler de M. de Turenne, qu'on me permette de rapporter ici la belle réponſe qu'il fit en 1665. à Louis XIV. qui lui demandoit avec confiance ce qu'il feroit à propos de faire en cas que Philippe IV. alors Roi d'Eſpagne, qui étoit fort malade , vint à mourir. M. de Turenne repliqua ſur le champ : *en ce cas-là, Sire , l'augmentation des vaiſſeaux & des galeres eſt d'une utilité auſſi grande que les armées de terre , tant à l'égard de ce que le Roi d'Eſpagne a dans les Indes , dans l'Italïe & dans la Sicïle , qu'à l'égard de l'Eſpagne même, dont l'entrée ſeroit belle par le moyen du Portugal.* Une pareille réponſe me paroît déciſive : & ſi l'on avoit raiſonné de cette maniére, lorſque la Couronne d'Eſpagne échût à la Maiſon de France , tout étoit terminé , & l'on auroit réduit aux derniéres extrêmités l'Angleterre & la Hollande réünies , en affoibliſſant leur commerce. J'ajoûterai de plus que ,

Tu.

quoique par fa qualité de Maréchal général des camps & armées du Roi, M. de Turenne ne dût confeiller que la guerre qui lui étoit propre, l'étenduë de fon génie cependant, & fon goût pour le vrai, lui faifoient fentir qu'il y a des occafions où la Marine feule mérite d'être employée, & où une victoire remportée fur mer vaut autant qu'une longue fuite de victoires remportées par terre. Le chef-d'œuvre de la politique eft de fçavoir entrer dans ces différences, qui échappent aux efprits fuperficiels.

Je reviens à l'ordre établi dans la Marine de France, & j'avoüerai que ce qui la diftingue particulierement, c'eft le corps militaire dont elle eft compofée, c'eft un air de dignité qui fe répand fur toutes fes parties. De ce côté-là, il n'y en a aucune dans l'Europe qui ne doive lui céder avec refpect. Le caractére de la Marine des Hollandois eft l'œconomie, & celui de la Marine des Anglois, l'activité. Les premiers, fuivant le génie Républicain, fe font honneur de leurs épargnes, y ramenent toutes leurs vuës. Ce qui doit fervir à la force & à la fûreté des navires, ils le retranchent

chent autant qu'ils peuvent : & par plusieurs ménagemens réiterés, ils expofent ces mêmes navires à de fréquens naufrages. Je compte que faute des précautions néceffaires, il périt un tiers des vaiffeaux qu'on arme chaque année en Hollande. Pour les Anglois, comme ils font plus judicieufement intéreffés, ils regagnent par la promptitude & la diligence ce qu'ils confument en fraix extraordinaires. Un de leurs navires achéve en quatre mois les mêmes traverfées, que les navires Hollandois ne font qu'en cinq ou fix : & il n'y a point de profit plus fûr ni plus réel, que celui qui fe tire de la briéveté des campagnes & des voyages fur mer. Les François tiennent un certain milieu entre ces deux caractéres. Sans avoir l'œconomie des Hollandois, ni l'activité des Anglois, ils les furpaffent fans difficulté dans l'arrangement & l'exactitude du fervice ; ils gagnent, ils fe procurent par tout je ne fai quel titre de fupériorité & d'empire.

Mais il arrive de là quelquefois deux inconvéniens. Le premier, *c'eft qu'on croiroit fe rabbaiffer*, comme dit le Maréchal

de

de Montluc, *si l'on ne marchoit avec toutes les piéces qui appartiennent à la Principauté : & pourtant on fait force pas de Clerc.* Il vaut mieux marcher en simple Gentilhomme & non pas faire le Prince, & faire bien que non pas se tenir sur le haut bout, & être cause de quelque désordre & malheur. Le second, c'est que trop d'attention à se procurer le nécessaire, fait qu'on se porte jusqu'au superflu, & qu'un excès de prudence nuit à la prompte exécution. Cependant il faut se hâter, & le succès dépend d'une certaine hardiesse, & souvent d'un coup de main. *Aux grandes affaires,* écrivoit le Cardinal d'Ossat à M. de Villeroi, *pour éviter un grand mal & obtenir un grand bien, il faut oser & risquer quelque chose, & se résoudre à tems & à point, pour sortir d'un mauvais & dangereux passage, le plûtôt & le mieux qu'on peut.*

Il est aisé de juger par ce que je viens de dire, que les vaisseaux François doivent être en gros mieux armés & mieux équippés, que ceux de toutes les autres nations. Rien ne leur manque, soit pour la sûreté de la campagne, soit

pour

pour la confervation des matelots & des foldats embarqués. Car on fçait dans la Marine de quel prix eft la vie des hommes, & on tâche prudemment de les ménager.

Il y a plus. Un peuple entier fe renouvelle en France, qui exemt des autres charges & des autres impofitions, ne s'adonne, ne fonge qu'aux chofes de la mer. Son métier eft fans doute très-pénible, & très-épineux. Mais comme il s'apprend dès l'enfance & qu'il plaît par la varieté continuelle des objets, on s'y accoûtume peu à peu, on paffe d'une campagne à l'autre fans prefque s'en appercevoir. Ce peuple avec cela eft infiniment guerrier, *de fer au travail & d'acier aux combats,* ainfi que parloit Céfar des anciens Gaulois. Il entreprend d'ailleurs des chofes étonnantes, & dont l'apprentiffage a pu (*g*) feul diminuer à fes yeux le rifque & le péril. Il eft vrai que nos matelots ont une qualité défavantageu-

(*g*) Les Claffes de la Marine font un des plus beaux établiffemens du Royaume, un des plus utiles & des plus avantageux. M. Arnoux & Bonrepos Intendans de la Marine en furent chargés. Mais comme il n'arrive que trop fouvent, le Miniftre fe fit honneur de leur travail.

tageufe, c'eft qu'ils fe retirent au moindre mécontentement, & paffent dans les païs étrangers. Mais ce défaut ne leur eft point fingulierement attaché : c'eft le défaut général de la nation, curieufe de nouveauté, & qu'un vain caprice oblige fans aucune raifon à fortir fouvent du Royaume. Auffi voit-on par tout des François, ils combattent fous toutes fortes d'étendarts : *nullum bellum fine milite Gallo.*

Voilà les principaux avantages dont la France doit s'aplaudir, & qu'elle ne négligeroit qu'à fa honte & qu'à fon préjudice. Sa fituation eft telle, je le répete encore, que tous les peuples de l'Europe ne peuvent s'empêcher de la regarder d'un œil jaloux. Peut-être me fera-t'on ici une objection, peu folide à la vérité, mais dont (*h*) s'éblouiffent bien des perfonnes de mérite. " La Marine, difent-elles avec » dédain, quelque utile & quelque fruc-
» tueufe qu'on la fuppofe au fond, en-
» traî-

(*h*) Il y a des gens, dit Amelot de la Houffaye, qui foutiennent qu'il ne faut en France que des foldats & des laboureurs, fans parler ni du commerce ni de l'induftrie. Plût à Dieu que cette maxime eût été enterrée avec ceux qui l'ont les premiers débitée !

» traîne trop de dépenfes, un attirail trop
» ruïneux à fa fuite : & par conféquent,
» elle mérite plûtôt d'être abandonnée pour
» les fraix immenfes qu'elle coûte, que
» d'être confervée pour les profits qui en
» peuvent revenir ».

A cette objection qu'on tâche encore
de rendre plus forte par mille détails af-
fectés, je répondrai trois chofes, non-feulement impofantes, mais tout-à-fait déci-
fives : & j'efpére qu'on en fera affez frappé, pour ne point me demander une plus
ample explication.

Premierement, il eft vrai que la Marine exige des dépenfes, & même des dépenfes affez étenduës. Mais qu'elle eft la
partie du gouvernement, quel eft le corps
dans l'Etat, qui n'en exige point ? Peut-
on foûtenir les efforts de la guerre, peut-
on arranger un fyftême de finance, peut-
on faire refpecter la Maifon du Roi & lui
conferver le luftre qui lui appartient, peut-
on fe procurer des habitudes & des liai-
fons dans les païs étrangers, fans avoir
entre les mains des fommes confidérables,
& fans les répandre à propos, & felon le
befoin ? *Aux grandes affaires ,* difoit le
Car-

Cardinal de Retz , *on ne doit jamais regarder à l'argent. Un Souverain est trop riche , lorsqu'occupé à faire voir du courage, de la grandeur, de la force d'esprit un discernement sûr dans ses moindres actions, il favorise le commerce & l'industrie de ses sujets.* Avant lui, le Cardinal de Richelieu avoit remarqué que , „ s'il faut être soi-
» gneux d'amasser de l'argent pour sub-
» venir aux nécessités de l'Etat, & religieux
» à le conserver, lorsque les occasions ne
» se présentent pas à le dépenser , il faut
» être également libéral à l'employer , lors-
» que le bien public le requiert, & le faire
» à tems & à propos , autrement le retar-
» dement en telles occasions coûte sou-
» vent cher à l'Etat, & fait perdre du tems
» qu'on ne rencontre jamais ».

D'ailleurs, si pour soûtenir la Marine, il faut faire continuellement des avances & prévoir les choses de longue main, j'oserai dire que la Marine s'en dédommage avec usure & ne différe point à payer. N'est-ce point elle qui protége & vivifie le commerce, tant au-dedans, qu'au-dehors du Royaume ? N'est-ce point elle qui assure nos Négocians répandus dans

les

les diverses parties du monde , qui les préserve au milieu des Etats du Grand-Seigneur des pillages & des insultes à quoi ils seroient sujets , qui leur procure des capitulations & des droits favorables sur les côtes de Barbarie & aux Echelles du Levant , qui les fait naviger en sûreté par tout où pénétre le pavillon François ? N'est-ce point elle qui dans les tems de guerre & de trouble écarte les ennemis dont nos côtes seroient ravagées, & laisse un libre cours à la navigation qui se fait d'une Province maritime à l'autre ? N'est-ce point elle enfin qui remplit d'une si grande opulence les coffres de nos Rois , & qui donne aux Sujets un débouché favorable pour se défaire de leur superflu, pour envoyer dans les autres régions le fruit de leurs recoltes ou de leur industrie ? Mr. l'Abbé de Saint Pierre a observé dans un de ses Mémoires Politiques, que la balance de notre commerce avec les étrangers va au moins à cent cinquante millions par an : ce qui fait chaque mois, l'un portant l'autre, 12. millions 500. mille livres. N'est-ce point à la Marine de conserver cette balance, & en la conservant, de soutenir

I

notre

notre crédit, toujours à la veille de tomber par la jaloufie de nos voifins ?

Secondement, fi le Cardinal de Richelieu a bien rencontré & qu'il n'ait point furfait dans fon Teftament Politique, on doit convenir que la principale richeffe d'un Etat eft la réputation, *fi importante à un grand Prince qu'on ne fçauroit lui propofer aucun avantage qui puiffe compenfer la perte qu'il en feroit.* Mais comment cette réputation fe peut-elle acquérir & conferver, cette réputation, dis-je, que Machiavel juge fi néceffaire à tous les Souverains, & qu'il nomme la prunelle de leur œil ? Comment un Prince peut-il affez compter fur fon nom, pour en impofer aux étrangers fi délicats fur le point d'honneur, pour leur faire avouer fa fupériorité ? Le même Cardinal de Richelieu en indique deux moyens également nobles & fûrs : l'un, d'entretenir dans toutes les Cours des Ambaffadeurs dont la naiffance, la conduite, le train & la dépenfe honorent le Maître qui les employent ; l'autre, d'embraffer avec vivacité tout ce qui regarde, tout ce qui peut accroître le domaine de la Marine, de faire naviger chaque

que année un grand nombre de vaiſſeaux
& de les faire trouver réguliérement à de
certains rendez‑vous, comme à Cadix,
à Génes, devant Alger, à Coppenhague
& au détroit du Sund. C'eſt-là, pour ainſi
dire, que fondent toutes les nations de
l'Europe, & qu'il eſt à propos de les frap‑
per par un appareil ſuperbe de navires.
C'eſt-là qu'un Prince de qui on a bonne
opinion, fait plus avec ſon nom ſeul que
ne ſçauroient faire avec toutes leurs ména‑
ces & toutes leurs intrigues, ceux qui ne
ſont pas ſi eſtimés. Je ne parle point des
eſcadres plus nombreuſes qu'il convient
d'armer de tems en tems, & de faire paſ‑
ſer dans l'Amérique, & aux Indes Orien‑
tales. Il me ſuffit de répeter ici avec le
grand Miniſtre que j'ai déja cité, *que rien
n'eſt plus indiſpenſable à un Etat que la
réputation, dont la diminution, quelque lé‑
gére qu'elle ſoit, peut être un acheminement
& une diſpoſition funeſte à ſa chute.*

En troiſiéme lieu, s'il y a de l'excès dans
la Marine, ſi les choſes quelquefois y ſont
pouſſées trop loin, ce n'eſt point elle qu'on
en doit accuſer, mais le ſiſtême préſent des
affaires du Royaume, où l'on ne connoît

 preſ‑

presque plus ni frugalité, ni œconomie, ni désintéressement. Tout s'exécute aujourd'hui à grands frais : tout est devenu faste & décoration. L'intérêt particulier dans la plûpart des ames, prévaut à l'amour (*i*) du bien public, aux égards que demande la Patrie. Heureuse la main, qui rétablira les choses dans leur emboëture naturelle ! Heureux le siécle, où l'on verra la Noblesse s'accoutumer dès l'âge le plus tendre à une vertu mâle & généreuse, se mettre au dessus des petits intérêts, mépriser les occupations frivoles & la vie même en ce qui s'oppose à la grandeur des sentimens. *Je veux montrer*, disoit le Maréchal de Montluc, *à ceux que je laisse après moi qui suis aujourd'hui le plus vieux Capitaine de France, que je n'ai jamais eu repos, pour acquérir de l'honneur en faisant service aux Rois mes Maîtres, qui étoit mon seul but, fuyant tous les plaisirs & voluptés qui détournent de la vertu & grandeur les jeunes hommes, que Dieu a doüés de quelques parties*

(i) *Patriæ rem unusquisque, non suam : augere debet. Melius est enim pauper in divite, quàm dives in paupere imperio versari.* Val. Max. lib. 4.

parties recommandables , & qui font fur le point de leur avancement.

A l'égard de la frugalité , elle eſt plus néceſſaire encore aux gens de guerre qu'à tous les autres. Et ne feroit - il pas honteux , lorſque leur vie n'eſt ſemée que de riſques & de hazards , qu'ils ſongeaſſent à inventer de nouvelles voluptés , qu'ils ſe piquaſſent de rafiner ſur le luxe & les plaiſirs ? Un Empereur fut autrefois traité de mol & d'effeminé parce qu'on trouva après ſa mort un miroir dans ſa tente. Quel exemple de l'auſtérité Romaine ! Charles-Quint étant ſur le point d'entrer en campagne , les Bourgeois d'Anvers & de Bruges vinrent le trouver , pour lui préſenter des Tablaux Flamands d'un prix infini , où étoient peintes des Bacchanales , des Nôces , des fêtes de Village. Cet Empereur daigna à peine les écouter , & leur dit avec un air férieux. *Remportez vos dons , ils ne me conviennent point , tout y eſt plein* (ĸ) *de mangeries.*

I 3

Je

(*k*) Nos Rois ont ſouvent tâché , mais inutilement , de reprimer pendant la guerre les dépenſes & la ſomptuoſité des tables , que Tacite appelle *luxurioſos apparatus conviviorum & irritamenta libidinum.*

Je ne dois pas oublier ici une queftion, que les Anglois ont fouvent agitée. Ils demandent fi la Nobleffe eft plus propre au fervice de la Marine, que les gens de fortune qui n'ont pour tout appanage que leur mérite & leur expérience : & ils femblent décider en faveur des derniers. *Il eft vrai, fuivant le Cardinal de Richelieu, que les hommes étant égaux par nature, doivent fouffrir avec regret la différence que la protection & les richeffes mettent entr'eux. Il eft encore vrai que plufieurs étant contraints de céder, blâment avec raifon ceux qui les commandent, pour montrer que s'ils leur font inférieurs en puiffance, ils les furpaffent en mérite.*

Mais fans vouloir pefer d'une main critique ce qui convient davantage à l'Angleterre, je dirai feulement qu'en France la Marine a beaucoup gagné, depuis qu'elle n'eft compofée que de jeunes gens d'élite, que d'Officiers choifis dans les meilleures familles. Ce n'eft pas que j'en veuille exclure certains hommes privilégiés, qui fe dédommagent d'une naiffance obfcure, par des talens qui font au deffus de la naiffance même. Je les compare volontiers à

ce

ce Plebeïen qui est si fameux dans l'Histoire Romaine, & dont je vais extraire le
discours, afin d'humilier ceux à qui tout
manque ; hors la naissance ». Je ne puis
» point, disoit-il, exposer aux yeux du pu-
» blic ni les portraits, ni les triomphes, ni
» les consulats de mes Ancêtres. Mais, quand
» on le voudra, je ferai voir des piques,
» des étendards, des harnois de chevaux,
» plusieurs autres récompenses militaires,
» enfin des blessures. Ce sont là mes titres :
» c'est là ma noblesse, que je n'ai point re-
» çuë de mes péres, mais que j'ai achetée
» par plusieurs travaux & au prix de mon
» sang. Il n'y a point de fard dans mes
» paroles : je ne sai point les apprêter. La
» vertu se montre, & brille d'elle-même.
» Que ceux qui s'oublient lâchement, qui
» font des actions basses & des - honoran-
» tes, cherchent à les couvrir par la pom-
» pe de leurs discours ! Pour moi, je n'ai
» point appris les sciences des Grecs : elles
» n'ont pas rendu plus sages ni plus ver-
» tueux, tant d'hommes qui se piquoient
» de les savoir le mieux. Mais j'ai appris
» ce que la République doit conseiller &
» aprouver davantage, à attaquer les enne-

 mis,

» mis, à fecourir promptement ceux qui
» étoient fous mes ordres, à ne rien crain-
» dre que l'infamie, à braver tour à tour
» les chaleurs de l'été & les rigueurs de l'hi-
» ver, à coucher fur la dure, à fouffrir enfin
» tout ce que la guerre a de plus âpre &
» de plus laborieux „. La Nobleffe fans
doute doit fon éclat à de belles & de
grandes actions : mais comme elle dégénére
chaque jour, doit-on fe plaindre que nous
les faffions revivre, que même il nous en
échappe de plus belles & de plus grandes encore. Elle brigue avec hauteur les
charges & les emplois, fans s'embarraffer
de les mériter. Quel égarement pour des
hommes fi vains ! Les Ancêtres laiffent tout
ce qui dépend d'eux, les richeffes, les
grands noms, des titres brillans : mais ils
ne laiffent point le mérite perfonnel, cela
eft au deffus de leur pouvoir. Lui feul
ne fe communique point, lui feul n'eft
point héréditaire. On dit que je fuis un
homme brut & fans politeffe, parce que
j'ai honte de mener un comédien à ma
fuite, que je dédaigne les faftueufes & mol-
les voluptés, que je donne moins de ga-
ges à mon Cuifinier qu'à un fimple valet

de

de baſſecour. Quels crimes ! & ce ſont là pourtant tous les miens.

J'ai cru devoir cet éloge à pluſieurs Offi-ciers du plus grand mérite, qui ont illuſtré la Marine par tant d'heureuſes campa-gnes, & qui malgré les obſtacles dont leur route étoit parſemée, malgré les concur-rens qui leur fermoient le chemin des hon-neurs, y ſont cependant parvenus avec applaudiſſement. Tel étoit en dernier lieu M. du Gué-Troüin, auſſi diſtingué par ſa bravoure que par une capacité ſupé-rieure, qui s'expoſoit rapidement & har-diment à toutes ſortes de perils, même à ceux qu'il n'avoit point prévûs, & dont la hardieſſe ſembloit écarter ces mêmes périls, à force de les braver avec une ſor-te de rapidité.

QUATRIE'ME PARTIE.

COMME il pourroit se trouver dans la suite de ce discours quelques endroits moins nets & moins intelligibles, je vais tâcher de les éclaircir, afin de ne laisser aucun doute dans l'esprit des Lecteurs. Il y en a peu qui se soient apprivoisés avec cette matiere.

La Marine se peut envisager de deux façons, ou comme celle du Roi, ou comme celle des particuliers. L'une n'a proprement en vuë que la guerre, que l'éclat de la Nation, que la sûreté du commerce : l'autre ne s'occupe que de ce commerce seul, dont les différentes branches aiguisent & réveillent toute son industrie. Ces deux Marines ont chacune leurs fonctions marquées, un grand nombre de reglemens & d'ordonnances qui les empêchent de s'écarter & de sortir des bornes d'un juste devoir. La premiere au fonds ne travaille que pour la gloire & pour les honneurs, qu'elle amene à sa suite : la seconde ne songe qu'aux profits, aux gains

immen-

immenfes, mais toujours en fuivant les loix de l'exacte probité & en contribuant de ce qu'elle peut, à l'abondance, à la félicité publique. C'eſt ainſi que le commerce ſe diſtingue quelquefois juſqu'à procurer des titres de Nobleſſe. C'eſt ainſi que s'élevent des hommes utiles à la Patrie, qui la font connoître au déhors & la fertiliſent au dedans.

Tel fût un Côme de Médicis, qui ayant embraſſé un commerce preſque univerſel, ayant entretenu des correſpondances & des liaiſons avec tous les Princes de l'Europe & de l'Aſie, mérita lui-même de parvenir à la tête de ſes Concitoyens : & comme les bonheurs s'enchaînent les uns aux autres, ſa poſterité ſe maintint non ſeulement ſur le thrône, mais elle s'allia encore avec les plus anciennes maiſons de l'Europe & donna des ſucceſſeurs à Saint Pierre. Tels furent les Fuggers ou Fouckers d'Allemagne, qui avoient prêté des ſommes immenſes à l'Empereur Charles - Quint, & qui pour le remercier de l'honneur qu'il vouloit bien leur faire de loger chez eux en paſſant par Augſbourg, mirent dans la cheminée de ſa chambre un fagot de

bois

bois de Cédre , & le priérent de l'allumer avec ses propres billets : générosité qui toucha d'autant plus Charles - Quint , que ses finances étoient alors épuisées. Tel fût encore parmi nous le célébre Jacques Cœur, Confident & Argentier de Charles VII. qui ayant essuyé à la Cour tous les revers que les honnêtes gens y essuïent d'ordinaire , se retira du Royaume & se réfugia dans l'Ile de Chypre , où il acquit par le commerce de si grands biens , qu'il osa en son propre nom armer contre les Mahométans, & les combattre : ce qui lui réussit au de-là des espérances que pouvoit concevoir un particulier. *Mais ce particulier ,* dit un Auteur contemporain , *gagnoit chacun an tout seul plus que ne faisoient ensemble tous les autres Marchands du Royaume.* Depuis sa disgrace , Jacques-Cœur prenoit le titre de Capitaine général de l'Eglise contre les Infidelles , & le soûtenoit avec une grandeur d'ame & des dépenses véritablement royales.

Chacun connoit les divers établissemens que la Marine a en France. Chacun sait, du moins en gros , combien ils ont coû-té de peines , de travaux , de sommes d'argent ,

gent, combien on y a raſſemblé d'induſ-
tries ſinguliéres, toutes aſſez curieuſes &
aſſez utiles pour être long-tems admirées
de ceux mêmes qui y ſont accoutumés. Ces
établiſſemens de plus offrent un grand
nombre d'Officiers de tout rang & de toute qualité, placés les uns au deſſus des autres, de maniére pourtant que la ſubordi-
nation ne nuit point au devoir : & comme il y a dans la Marine trois objets principaux qui l'attachent & la diſtinguent tour
à tour, ces Officiers ſont auſſi partagés en
trois claſſes différentes à la vérité par les
détails qu'elles préſentent, mais qui pourtant vont toutes ſe réunir au même but.

Le premier objet de la Marine en eſt
comme le prélude & raſſemble les matériaux qui lui ſont propres, diſpoſe & fa-
cilite tout ce qui doit ſervir à la navigation. Ces préliminaires roulent ſur la viſi-
te, l'abbattage & les proportions des bois,
ſur la connoiſſance, l'achat & l'entretien
d'un nombre infini de toutes ſortes de
marchandiſes, ſur la maniére de les employer & d'en tirer le meilleur parti, ſur
la conſtruction, le radoub & l'équippe-
ment des vaiſſeaux. On voit aſſez que

tout

tout cela demande un mêlange judicieux
de théorie & de pratique , qui foit joint
à une grande étendue de génie , & per-
fectionné par une expérience continuelle.
Auffi n'a-t-on eu jufqu'ici dans la Marine
que deux Intendans d'une certaine confi-
dération , fçavoir, *Defcloufeaux* & *Vauvré,*
tous les deux chofies par M. de Seignelai ,
& tous les deux d'un efprit élevé , qui
penfoient en grand , & qui ne connoif-
foient les difficultés que pour fe procurer
la gloire de les furmonter.

Le fecond objet embraffe le maniment ,
les détails multipliés , la conduite des vaiffeaux fur mer , ou la navigation proprement dite : ce qui fuppofe deux parties ,
le Pilotage & la Manœuvre. L'une regarde
l'ufage de la Bouffole , des Cartes Marines ,
des inftrumens qui fervent à prendre hauteur & à mefurer le fillage , des régles &
des conjonctures qui donnent une bonne ef-
time : l'autre regarde la maniére de difpo-
fer les voiles & le gouvernail avec le corps
du vaiffeau , tant par rapport à la route
qu'on doit tenir & aux divers avantages
que procurent le vent & les courans , que
par rapport à l'exacte détermination de la

dérive

dérive & de la vitesse du vaisseau même.
Que d'occasions de faire valoir tout son
génie !

Le dernier objet enfin de la Marine ne
paroit en renfermer que l'accessoire, quoique peu à peu il en soit devenu le principal. Cet accessoire consiste dans un certain arrangement de fonctions & d'emplois
quexige la police de chaque port , dans
la maniére de rendre compte des dépenses qui s'y font, dans un art de dresser des
états , des rôles en forme & d'autres piéces semblables. Il est vrai qu'en général ces
formalités entretiennent le bon ordre , &
empêchent les abus de se glisser : mais peut-
être que ces abus seroient moins préjudi-
ciables en beaucoup d'occasions, que les
longueurs & les délais qu'apporte le trop
grand nombre de formalités.

A ces trois classes répondent trois fortes d'Officiers, dont chacun se contente
de ce qui lui est prescrit & ne porte pas
ses vues plus loin. C'est là tout ce qu'on
demande aujourd'hui. Chaque Profession
se trouve isolée, & fait un attachement
particulier. L'exemple des Romains, en qui
se réunissoient une capacité générale & une

suffi-

suffisance pleine par tout, est devenu presque fabuleux pour nous.

Voilà en gros ce qui regarde la Marine du Roi. A l'égard de la Marine des particuliers, elle est répandue dans toutes les villes maritimes du Royaume où elle fleurit & se distingue plus ou moins, 1°. suivant le dégré de fortune, d'habileté, d'industrie de ceux qui la font valoir, 2°. suivant la quantité des espèces d'or & d'argent qui y circulent, 3°. suivant les difficultés & les obstacles qui hâtent ou retardent cette circulation. De là vient que les mêmes villes ne font pas toujours également puissantes, également fréquentées par les étrangers. Le repos & l'inaction y succédent quelquefois aux mouvemens les plus rapides : quelquefois aussi le luxe qui suit de près les richesses dont on est redevable au commerce, entraîne la dissipation de ces mêmes richesses, presque aussitôt évanouies qu'amassées. Sur cela, je m'interromprai un moment pour hazarder une de ces réflexions que tout le monde fait, & dont personne ne profite. La plûpart de nos Négocians brulent de s'enrichir : ils n'épargnent, ils ne ménagent rien

pour

pour cela. Devenus opulens par des soins, par des travaux redoublés, ils ne songent plus qu'à se procurer & des titres fastueux & des alliances superbes, dont bien-tôt ils se repentent eux-mêmes. On les méprise, on les fuit, & les biens qu'ils avoient eu tant de peine à acquérir, se consument follement. C'est pourquoi rien ne seroit plus utile, en excitant le commerce & recompensant les habiles Négocians, que de leur apprendre, selon l'avis du judicieux Auteur des Œconomies Royales & Politiques, *à bannir entierement le luxe, la superfluité, & toutes sortes d'excès en habits, pierreries, festins, bâtimens, dorures, carosses, chevaux, trains, équipages & mariages de fils & filles,* d'où provient leur ruïne, & par contre-coup, un vuide fâcheux dans l'Etat.

Le commerce de mer se pratique de trois manieres différentes. Le moins considérable est celui qui se fait de proche en proche ou d'un port à l'autre, & qu'on nomme *Cabotage.* Il sert principalement à entretenir une sorte de correspondance entre toutes les Provinces maritimes du Royaume, & à tirer de l'une ce qui man-

que

que à l'autre. Ce commerce eſt d'autant plus avantageux en France, qu'il nourrit l'induſtrie & peut ſe faire également toute l'année : au lieu que dans les païs du Nord, en Angleterre, & même en Hollande, il ſe trouve interrompu la plus grande partie de l'hiver à cauſe des glaces, qui aſſiégent les Vaiſſeaux, & les découſent par leurs chocs, les ouvrent par leurs rencontres inopinées. La France de plus n'eſt point expoſée à des inondations ſubites de la mer, comme tant d'autres païs, & il arrive moins de naufrages ſur ſes côtes, quoiqu'elles ayent auſſi leurs périls & leurs écueils, qu'il n'en arrive par tout ailleurs.

Un ſecond commerce maritime eſt celui qui ſe fait en Europe, & qui conſiſte dans l'échange des ſecours réels & effectifs, que les différens Royaumes ſe prêtent les uns aux autres. Ces ſecours ſont ou des productions de la terre, ou des ouvrages travaillés dans les Manufactures, ou des curioſités d'un art exquis : & il eſt aiſé de voir que plus un Royaume en eſt pourvu, plus les Étrangers y abordent, & plus le commerce y fleurit. Les deux branches, comme on ſçait, ſont la fertilité d'un païs & l'induſtrie des habitans. La

La France a dans les chanvres & les toiles de Bretagne, dans les fels de Broüage, de Marennes & du Croific, dans les vins rouges de Bourdeaux, dans les vins blancs d'Anjou, dans les eaux-de-vie de Nantes, de Cognac, & de l'Ile de Ré, dans les papiers d'Auvergne & d'Angoulême, dans les parchemins de Normandie, dans les brocards d'or & d'argent fabriqués à Lyon, dans les grains de toutes les fortes, blés, orges, avoines, feigles, des reffources affurées de commerce qui ne peuvent lui manquer. J'avoüe que depuis la révocation de l'Edit de Nantes, fur laquelle on doit tirer le rideau comme fur le plus fâcheux évenement du régne de Louis XIV. J'avoüe, dis-je, que plufieurs de nos Manufactures fe font naturalifées dans les païs étrangers. Mais il en refte encore affez dans le Royaume, quand elles feront bien conduites, & pour l'occuper & pour l'enrichir. Tout ce qu'on y doit craindre, c'eft le relâchement, c'eft la malefaçon, c'eft, je l'ofe dire, la fraude & la tromperie. Car il ne faut point fur cela nous flatter, toutes nos Manufactures, malgré leurs fages Réglemens, & malgré les Ordonnances du

 Roi,

Roi, font fujettes à ces trois fortes de ré-volutions.

Depuis qu'Edoüard III. s'attacha un grand nombre d'Ouvriers échappés des fureurs exercées par les Efpagnols à Gand, à Louvain & dans quelques autres villes du Brabant, & qu'il s'en fervit pour établir en Angleterre des Manufactures d'étoffes de laine, jamais ces Manufactures n'ont dé-généré, ni n'ont perdu de leur crédit & de leur réputation. Elles font encore fur le même pied, & elles fourniffent des draps fins & de couleur, dont les Anglois font un trafic immenfe, tant en Allemagne par le moyen du Magafin qu'ils ont établi à Dordrecht, que dans le Levant par la voye de Smyrne. Autrefois, ni eux ni les Hollandois, ne pouvoient approcher des Etats du Grand Seigneur, que fous la Ban-niere de France. Mais aujourd'hui ils y négocient de leur chef, & même l'on peut dire qu'à mefure que leur commerce s'eft accru; le nôtre y a fouffert beaucoup de pertes, de banqueroutes, d'affoibliffement: & plufieurs craignent qu'il ne puiffe jamais reprendre fon ancien éclat.

Les voyages dont j'ai parlé jufqu'ici,

ceux

ceux-mêmes dont le but est de pénétrer aux extrêmités de l'Europe, ne méritent qu'une attention passagére. Le véritable commerce de mer est celui qui embrasse les trois autres parties du monde ; celui qui demande tout l'appareil & toute l'intelligence de la Navigation. Comme les périls y sont plus grands & les risques plus ordinaires, les profits y sont aussi plus considérables. Et c'est de-là que nous viennent tant de fortunes brillantes, acquises par des voyes légitimes, & qu'il faut bien se garder de confondre avec ces fortunes rapides & odieuses, nées des miséres publiques & teintes du sang d'une infinité de malheureux.

Presque toutes les nations de l'Europe font aujourd'hui quelque commerce, soit avec l'Asie, soit avec l'Afrique, soit avec l'Amérique : mais on ne doit pas croire que ce soit de niveau les unes aux autres Quoique les Portugais, regardés avec justice comme les Restaurateurs de la Marine & de la Navigation, ayent autrefois possédé de grands domaines en Asie, & qu'ils ayent eû à leur solde des Rois Arabes & des Princes idolâtres, honorés d'obéir à ces

K 3   nouveaux Maîtres, leur autorité cependant n'y eſt plus qu'une ombre , qu'un ſquelette. Ils ne ſe ſoûtiennent que ſur les débris d'une vieille réputation , que le tems a preſque uſée : & Goa lui-même n'eſt guéres plus connu que par ſa redoutable Inquiſition , cet horrible (*l*) Tribunal , où ne ſont obſervées aucune forme de juſtice ni aucune apparence d'équité naturelle. Ce ſont les Hollandois préſentement , qui font le plus beau commerce des Indes Orientales & qui le font avec un art infini , en mêlant la ſoupleſſe à la hauteur , l'artifice à la force. Un Ancien ſouhaittoit que les Armes fuſſent ſubordonnées au Barreau : à Batavia , & dans les autres Colonies Hollandoiſes , elles le ſont au commerce.

Tout le monde ſçait que la plus grande partie de l'Amerique appartient aux Eſpagnols : J'ignore à quel titre , & ſi les mauvais

______

(*l*) L'Hiſtoire de cette Inquiſition a été écrite par un Medecin qui en avoit éprouvé , non les ſalutaires , mais les injuſtes rigueurs. Heureuſe la France , d'avoir toujours regardé avec horreur un Tribunal qui décrie ſi fort , & rend ſi odieux le nom Chrétien ! Plus heureuſe encore , ſi les Prêtres ne cherchent point à l'y établir quelque jour ſous un autre nom !

vais traitemens, si le sang de tant de malheureux qu'ils ont égorgés, en fondent un. Mais il est certain que leur domination est trop vaste par elle-même, trop ruineuse par la conduite que tiennent les Evêques & les Gouverneurs qui achétent tous leurs dignités & leurs emplois, trop blessée par les gains & les intérêts particuliers, pour subsister encore long-tems. Aussi se dément-elle chaque jour, y ayant peu d'union entre ses parties principales, & se laisse-t'elle entamer par des usurpations sourdes & insensibles, dont les Espagnols eux-mêmes ne s'apperçoivent pas, ou dont ils affectent du moins de ne pas s'appercevoir. Le plus grand défaut du gouvernement de tous ces vastes Royaumes qui appartiennent au Monarque des Espagnes, c'est que les ordres n'y viennent jamais à point nommé, & quand ils y viennent, on est presque dans l'impossibilité de les éxécuter : deux choses qui font ordinairement échouer toutes les grandes affaires.

Depuis un demi-siécle les Anglois ont sçû prendre le véritable tour d'esprit, qui convient en Amérique, & sans lequel on n'y peut réüssir. Toutes leurs allûres y

K 4   font

font ménagées avec la derniére prudence : ils s'y arrangent peu à peu, ils embraffent toutes les ouvertures de commerce, ils perfectionnent leurs anciennes Colonies & s'en procurent de nouvelles, ils agiffent enfin comme fi la fortune leur deftinoit quelque jour l'empire de ces vaftes climâts. On affûre que Cromwell s'en flattoit dans fes vifions politiques, & qu'il difoit fouvent qu'il vouloit ôter au Roi d'Efpagne fes deux yeux, fçavoir, l'Amérique & l'Inquifition. La premiére penfée lui en fût infpirée par Thomas Gaige, Religieux Dominicain, qui ayant poffédé plufieurs benéfices dans le Mexique, apoftafia à fon retour en Europe. Prévenu que l'Inquifition faifoit tous fes efforts pour l'arrêter, & pour l'enfévelir pieufement dans les cachots du Saint Office, ce Religieux paffa en Angleterre & fe fit connoître à Cromwell, qui aimoit les hommes à projets élevés & peut-être à vûës chimériques : ce qui eft le défaut ordinaire des grands génies, à qui les chofes accoûtumées déplaifent, & qui ne font (*m*) touchés que d'un

cer-

(*m*) On trouve une partie du caractére de Cromwell,

dans

certain merveilleux. Cromwell reçût avidement tout ce que Thomas Gaige lui raconta, & des richeffes dont les Efpagnols étoient maîtres dans le Mexique, & de la facilité qu'il y auroit à les leur enlever. Frappé de cette grande entreprife, il y tourna toutes fes vûës, & il fentit parfaitement que s'il en venoit à bout, il pourroit compter fur un fonds inépuifable & toûjours nouveau. Bientôt il fit armer une flotte nombreufe, avec un fecret fi grand, que ni les Efpagnols, ni même les Anglois, ne pûrent le pénétrer. Son deffein étoit d'envahir l'Ifle de Cuba & celle de faint Domingue, & de fe frayer par-là une entrée dans la mer du Mexique, & peu à peu de faire la conquête de ce puiffant Royaume. Mais cette flotte fût toujours contrariée par les vents, & des obftacles, des circonftances imprévûës, lui firent manquer les projets les mieux concertés. Elle ne laiffa pourtant point de jetter l'allarme & la terreur dans toute l'Europe, & de lui

K 5   faire

---

dans ces poroles de Salluste : *vaftus animus immoderata, incredibilia, nimis alta femper cupiebat.*

faire connoître quels risques, quels périls elle avoit courus. Cromwell qui sçavoit se roidir contre les disgraces les plus fâcheuses, ne fût point déconcerté de voir revenir sa flotte sans succès, à demi ruïnée, & honteuse d'avoir tenté une descente inutile à Saint Domingue. Il conserva au contraire toute sa vie un désir ardent de s'emparer de l'Amerique, & d'en chasser les Espagnols, dont il paroissoit ennemi implacable, moins par des raisons d'Etat, que par goût & par inclination. C'étoit là, avoüe un célébre Historien Anglois, son projet favori : & quel projet, que celui dont se préoccupoit un homme de la trempe d'esprit de Cromwell ! Louis XIV. qui l'avoit heureusement connu & demêlé, tombe d'accord dans une de ses dépêches au Comte d'Estrades, *qu'il étoit propre à saisir opiniâtrement les plus grandes choses, se trouvant une flotte de cent soixante vaisseaux que ses malheurs passez lui avoient valu, & ayant augmenté ses forces de mer au-delà de ce qu'avoient pû faire les Rois d'Angleterre.*

Depuis Cromwell, qu'on ne peut s'empêcher d'admirer, même en le blâmant,

la

la Nation qu'il avoit excitée à cultiver la Marine, ne s'eſt point démentie. Les Anglois ont eux ſeuls aujourd'hui plus de navires dans l'Amérique, & de navires qu'ils y on fait conſtruire, que tous les autres peuples enſemble. Ils y trafiquent de toutes ſortes de denrées, tant du païs que d'Europe, même celles de France qu'ils donnent à meilleur marché & mieux conditionnées que les François eux-mêmes. Ils vendent encore juſqu'à des maiſons de charpente dont tous les membres, pour ainſi dire, ſont marqués & numérotés, & qu'il ne s'agit plus que de mettre en place. Le Chevalier Temple, un des plus grands politiques qu'ait eu l'Angleterre, & premier Plénipotentiaire au Congrès de Nimégue, remarque dans ſes *Conſidérations ſur l'état des Provinces unies des Païs-bas*, que de ſon tems il ſortoit plus de vaiſſeaux des ports de Hollande que de tous les autres de l'Europe. Les choſes ont bien changé depuis. C'eſt aux Anglois qu'appartient préſentement la ſupériorité ſur mer, que l'empire en eſt (*n*). attribué.   Pour

____

(*n*) Pour ſe convaincre de ce que je dis, il ſuffit de
jet-

Pour ce qui regarde les François , ils ont de tout tems entretenu quelque commerce hors de l'Europe , & avec les trois autres parties du monde. L'efprit de découverte ne leur a pas même manqué Avant que Chriftophle Colomb eut mis. pied à terre dans l'Ile de Guanahami , une des Lucayes & premier terme de fes conquêtes en Amerique, Jean de Bethencourt, Chambellan de Charles VI. & Coufin de l'Amiral de France, avoit déja réduit fous fon pouvoir les Canaries & s'y étoit fait donner le titre de Roi , avec la permiffion du Saint Siége. Les Papes remplis d'un orgueil infupportable , difpofoient alors des couronnes , comme d'un bien qui leur appartenoit , & le don qu'ils firent de toute l'Amérique aux Efpagnols , parut à ces derniers un titre affez authentique pour s'en emparer.

A

---

jetter les yeux fur le fyftème préfent des affaires de l'Europe. Quelle autorité , quelle puiffance les Anglois foûtenus de leur Marine , n'y ont-ils pas acquife ? *Navigationis peritiæ* , dit un de leurs Auteurs , *debetur illud quod fibi vindicat Britannia , Oceani imperium , nec ulla gens à littoribus noftris tam remota eft , quam non ab injuriâ noftris hominibus inferendâ , deterreat armata Britannica Claffis.*

A l'exemple de Bethencourt, les plus riches Marchands de Normandie fe jetterent fur les côtes d'Afrique & y établirent des comptoirs, des magafins, qui fubfiftent encore aujourd'hui tels à peu près qu'ils étoient de leur tems. D'un autre côté, les rapides fuccès des Efpagnols dans l'Amérique faifoient trop de bruit, pour ne point exciter la jaloufie des François. Plufieurs Gentils-hommes fans emploi, fans occupation dans les Provinces maritimes, armerent contr'eux & allerent piller leurs vaiffeaux, qui trop riches & trop chargés fe défendoient mal, & qui abandonnoient une partie de leurs effets, pour fauver le refte. Jean de Laët convient même dans fa *Defcription du nouveau monde*, qu'il n'y avoit guéres alors de Pilote Efpagnol qui n'eût été prifonnier en France. Les autres plus audacieux tenterent de nouvelles dé-couvertes, principalement dans l'Améri-que feptentrionale. Mais les Colonies qu'ils y fonderent, fans avoir pris auparavant les précautions qui convenoient, eurent beau-coup à fouffrir, & de la part des Sauva-ges dont toute la bravoure confifte à fai-re des trahifons utiles, & de la part de la
Fran-

France même qui ne leur envoyoit point de fecours. Quelques-unes de ces Colonies fe font confervées entre nos mains : les autres ont paffé dans celles des Anglois, trop habiles & trop puiffans pour fouffrir que jamais on les leur enleve.

J'ai dit que les François ont de tems immémorial entretenu quelque commerce hors de l'Europe, & avec les trois autres parties du monde. Mais ce commerce n'a point toujours été de la même force, & il a fouffert bien des vuides & des interruptions, fur tout lorfqu'il étoit livré à des compagnies particulieres qui n'entendoient point leurs véritables intérêts, prodigues où il falloit fe conduire avec ménagement, & avares où il falloit fe répandre avec quelque profufion. Toutes ces compagnies, à mon fens, avoient trois défauts effentiels. Le premier étoit de vouloir recueillir prefque au même tems qu'elles femoient, fans attendre la faifon (*o*) favorable, fans fonger que les meilleurs

leurs

(*o*) L'Hiftoire du Commerce des François dans les différentes régions de l'Afrique, de l'Afie & de l'Amérique eft proprement l'hiftoire de leurs légeretés & de leurs

impru-

leurs fruits font ceux qui tardent le plus
à mûrir. Quelle imprudence ? Les fonds
deſtinés à un commerce étranger, doivent
quelque tems demeurer comme en réſer-
ve : & il eſt à propos de joindre les intérêts au capital, afin de jetter des fondemens ſolides & de remédier aux premiers
beſoins, qui ſont toujours les plus fâcheux
& les plus incommodes. Mais les François
ſe hâtent de jouïr, & ils ne ſçavent point
faire céder à un intérêt éloigné, mais plus
conſidérable, un intérêt préſent, mais beaucoup plus petit. De-là vient qu'ils ſe re-
buttent facilement, & que par une ſorte
de lâcheté, ils abandonnent dans l'exécution les entrepriſes les mieux conçuës dans
le cabinet, ils s'ennuyent lorſqu'il faut renouveller de courage & agir de tête.

   De ce premier défaut s'enſuivoit un ſecond,

---

imprudences. C'eſt ce que reconnoît M. Colbert dans un
Mémoire écrit de ſa main, que j'ai eu heureuſement.
Outre l'inquiétude & la vanité naturelle de notre nation, il
lui reproche encore l'*infidélité & une volonté fixe de mal
faire,* pour s'attirer des profits & des gains illicites. Il
ajoute *le peu d'obéiſſance, le peu de reſpeʈ & de ſubordi-
nation des inférieurs à l'égard des perſonnes miſes en place,* en un mot, *le manque d'union entre tous.*

cond, c'eſt que pour gagner plus exceſſivement, on faiſoit venir ſans réflexion plus de marchandiſes des païs étrangers qu'il ne s'en pouvoit conſommer dans le Royaume : ce qui étoit le vrai moyen de les avilir. Le public qui ne fait guéres placer ni ſon eſtime ni ſon mépris, veut être manié avec adreſſe : il ne faut ni le raſſaſier, ni le tenir dans la diſette.

Le dernier & le plus grand défaut, c'eſt que les vuës particulieres dans ces Compagnies, l'emportoient ſur l'avantage commun & général. Ceux qu'on mettoit à leur tête, moins par habileté que par brigue & par faveur, confioient non-ſeulement les premiers emplois des Colonies, mais encore la conduite des Vaiſſeaux à leurs parens & à leurs amis, ſouvent même, & c'eſt-là le comble de la corruption, à des gens dont ils tiroient des penſions ſecrettes. Ainſi *tout alloit à l'envers*, pour me ſervir d'une expreſſion du Maréchal de Montluc, & la compagnie mal gouvernée s'appauvriſſoit des négligences réiterées, ou des profits obſcurs & détournés de ſes principaux membres. Les autres intéreſſés n'oſoient les pourſuivre, encore moins leur

deman-

demander aucun compte. Car *la foiblesse de notre siécle est telle*, dit le Cardinal de Richelieu, *que les premiers de l'Etat ne font que d'illustres brigands, & qu'au lieu d'être guidé par la justice, on est d'ordinaire emporté par la faveur.*

Mais pourquoi se rappeller un souvenir si désagréable, & si humiliant ? Ne doit-on pas plutôt se féliciter de ce que les choses ont pris en France un meilleur train, & se trouvent sur un meilleur pied ? Et je ne doute pas que la triste expérience que nous avons faite du passé, ne nous rende plus attentifs & plus précautionnés sur l'avenir. Ce qu'on appelle aujourd'hui la Compagnie des Indes a absorbé toutes les autres Compagnies, qui étoient tombées dans la langueur & dans une espéce d'anéantissement, à la mort de Louis XIV. Elles n'avoient plus ni ressources : ni vaisseaux, ni considération dans les pays étrangers : & ce génie actif & tout de feu, dont dépend le succès des grandes affaires, leur manquoit entiérement. J'avoue que la nouvelle Compagnie n'a aucun de ces défauts, & qu'elle est appuyée sur des fondemens qui paroissent solides. Mais qu'il est à craindre qu'en

L

em-

embraffant, comme elle fait, un commerce trop étendu, qu'en dégradant les Claffes du Royaume déja fort affoiblies, qu'en employant fans choix des hommes de toute efpéce, elle ne vienne enfin à fubir le même fort qu'ont eu les anciennes Compagnies?

Tout ce que j'ai dit jufqu'à préfent & fur la Marine & fur le Commerce, a dû nous en faire connoître les avantages & l'utilité. Mais comme les raifonnemens les plus forts ont befoin d'être étayés par des exemples, je vais effleurer ceux qui en cette matiére m'ont frappé davantage. On verra à quel dégré de puiffance & d'autorité font parvenues certaines villes, par le moyen du commerce de mer. On verra que dans les lieux où il s'exerce noblement, tout abonde, richeffes, commodités, agrémens, plaifirs même. Les meilleurs vins de Bourdeaux de Champagne & de Bourgogne qu'on boive aujourd'hui, font ceux qui fe trouvent à Amfterdam, à Londres, à Hambourg. Comme on ne peut les y porter qu'à grands frais, & que les droits d'entrée font par tout exorbitans fur les vins de France, on ne fe charge guéres de ce qu'il y a de médiocre, de ce qui eft fujet à fe gâter : & on prend toujours

jours

jours par un juste ménagement les plus re-
nommés, & les plus exquis. S'il est vrai,
comme l'a remarqué Ciceron, que *nulla
sunt privata naturâ*, il faut avouer que par
le commerce tout devient propre aux hommes, tout leur appartient. L'industrie, les
arts, une suite de recherches curieuses, sup-
pléent à ce que la nature semble refuser.

I. Les Anciens ont parlé d'Alexandrie,
comme de la ville du monde que le commerce avoit le plus accréditée. » Rien n'ap-
» proche, dit Strabon, de sa splendeur, ni de
» sa magnificence:rien n'égale ni la commo-
» dité de son port, ni la beauté de ses mai-
» sons, ni le nombre de ses habitans. Tou-
» tes les richesses de l'Asie & de l'Afrique y
» sont conduites par la mer rouge, & par le
» Nil. Elles s'y accumulent, pour ainsi dire,
» & se succédent les unes aux autres. Toute
» l'Europe qui a besoin de ces richesses, les
» y vient chercher & les achéte à des prix
» exorbitans ». Les Ptolomées sçurent bien
profiter de la situation d'Alexandrie : & le
second de ces Princes, celui qui porta le
nom de Philadelphe, fit monter ses revenus
à près de neuf millions en or. Les Romains
tirérent encore de ce commerce un meilleur

parti, lorfqu'après la défaite d'Antoine & de Cleopatre, ils fe furent rendus maîtres de l'E-gypte. L'abondance & la fertilité de ce vaf-te pays, fur tout en blés, le leur firent regar-der comme le Magafin de l'Italie & la clef de Rome : & l'on montre encore aujourd'hui des Medailles où la ville d'Alexandrie eft re-préfentée fous la figure d'une femme voilée, tenant en main une poignée d'épis mûrs.

Il eft inconcevable combien de navires étoient employés à ce commerce de blés : on en voyoit continuellement naviger, les uns qui alloient d'Egypte au port d'Oftie, les autres qui en revenoient chargés. C'é-toient des flottes de quatre-vingt & cent vaiffeaux, qui marchoient de conferve, afin de fe défendre & de fe fécourir mutuelle-ment les uns les autres. Pline parlant des dé-penfes qu'on étoit obligé de faire pour leur armement & leur navigation, ajoute que quoique ces dépenfes montaffent fort haut on y gagnoit encore par voyage cent pour cent, on y faifoit de promptes fortunes.

Ce que je viens de rapporter d'après Pli-ne & Strabon, fait juger quel monde fondoit à Alexandrie, quelle foule d'étrangers s'y rendoit de toutes parts. Appuyés du fe-

cours

cours des loix, on ne les gênoit point par des exactions odieuses & qu'inventent des gens nés pour le malheur d'autrui : on les laissoit en liberté de vendre & d'acheter, en payant le tribut ordinaire : les Rois d'Egypte n'accordoient point ce que les Anglois appellent des *nuisances*, ce sont des graces reservées à quelques particuliers & qui tournent au dommage du public. Tous les Etrangers demeuroient à Alexandrie dans un quartier séparé : Ils avoient leurs priviléges, leurs immunités, le libre exercice de leurs réligions : bien entendu que ces réligions n'avoient rien d'incommode, ni qui troublât l'ordre public. Par ces facilités, Alexandrie avoit cessé d'être une ville particuliere: elle étoit devenuë la ville commune de tous les peuples, la patrie des hommes.

LI. Dans le moyen âge de l'Empire d'Allemagne, c'est-à-dire, vers le milieu du treiziéme siécle, se forma une conféderation de plusieurs villes maritimes ou presque maritimes, sous le nom de *Hanse Teutonique.* Cette conféderation regardoit uniquement le commerce, qu'on vouloit étendre & faire fleurir, en y intéressant un plus grand nombre de personnes, & tâchant de profiter de

L 3

leurs

leurs différentes vuës & de leurs lumieres.
Quoique les villes d'Allemagne tinssent le
premier rang dans la *Hanse Teutonique* , elles ne laissérent pas de s'associer plusieurs
autres villes , tant de France , que d'Angleterre & des Païs-bas : le tout sans nuire à
l'autorité & sans préjudicier aux droits des
Souverains , dont elles dépendoient. Cette
conféderation avoit ses loix , ses ordonnances , ses jugemens , qu'on observoit avec le
même respect que le code maritime des
Rhodiens , qui passoient dans l'antiquité
pour les plus habiles navigateurs , étoit observé des Grecs & des Romains.

La *Hanse Teutonique* parvint en peu de
tems à un si haut dégré de puissance & d'autorité, par les richesses immenses qu'elle ac-
cumula , que tous les Princes lui rendirent
un hommage sincere d'estime & d'admiration. Ceux du Nord principalement , eurent souvent besoin de son crédit , & lui em-
pruntérent des sommes considérables. Les
Grands Maîtres de l'ordre *Teutonique* , alors
Souverains de la Livonie, s'étoient déclarés
les conservateurs des droits & des priviléges
de la *Hanse*. Tout lui réussissoit , au delà
même de ses désirs; & l'Allemagne charmée
de

de ſes progrès, les voyoit du même œil qu'un curieux voit certaines plantes rares qu'il a lui-même ſemées & cultivées. Les Rois de France accordérent auſſi pluſieurs priviléges à la confédération *Teutonique* : ils exemtérent ſes vaiſſeaux en cas de naufrage, de payer aucun droit d'avaries aux Amiraux, & ils défendirent de troubler leur navigation, lors même qu'ils feroient en guerre avec l'Empereur & les Princes du Nord. Enfin, durant tout le cours de ces guerres malheureuſes connuës ſous le nom de Croiſades, la *Hanſe* fut ſinguliérement conſultée, & elle donna toujours, tant en argent, qu'en navires, de puiſſans ſecours aux Chrétiens opprimés par les Infidelles.

Il eſt étonnant que des villes très-éloignées les unes des autres & ſoûmiſes à des Rois différens, quelquefois en guerre ouverte, toujours jaloux de leurs droits, il eſt, dis-je, très étonnant que ces villes ayent pu ſe confédérer & vivre enſemble dans une étroite liaiſon. Elles ſuportoient également leurs communes pertes, & les gains étoient également repartis. Mais enfin la *HanſeTeutonique* tomba peu à peu, & de ſes ruines s'élevérent toutes les autres Compagnies de

L 4

com-

commerce, qui font aujourd'hui répanduës dans l'Europe. Il eſt vrai que quelques villes d'Allemagne prennent encore le titre de *Harſeatiques*, mais elles ont des intérêts ſéparés, & le même eſprit ne régne point entr'elles. Il paroît cependant que malgré leur jalouſie, elles reſſortiſſent toutes à Lubeck, & qu'elles regardent cette ville comme la premiére des *Hanſeatiques.*

III. Avant que les Portugais euſſent doublé le Cap de Bonne Eſpérance, tout le commerce de l'Europe avec la Turquie, la Perſe, la Tartarie, la Chine & les Indes Orientales, ſe faiſoit par Veniſe qui étoit l'entrepos général. Tout le monde dans cette grande ville ſe prétoit à un commerce ſi lucratif, les Nobles ſans s'avilir, les Bourgeois pour ſe donner plus de relief & de conſidération ; ce qui rendit Veniſe ſi puiſſante & en même tems ſi fiere, ſi prévenuë en ſa faveur, qu'elle dédaignoit tous les Souverains. On la menaça long-tems, on convint enfin de l'attaquer de toutes parts. Mais elle ſe défendit ſeule & de ſes propres forces, contre l'Empire, le Pape, les Rois de France & d'Arragon, preſque tous les Princes d'Italie animés à ſa perte. Jamais on n'avoit vu tant de

trou-

troupes réünies d'un côté, & tant de courage, tant de fermeté de l'autre. Depuis que
la navigation des Indes a été ouverte &
qu'on s'eſt enhardi à traverſer les mers, Veniſe a perdu les plus grandes eſpérances,
dont elle pouvoit ſe flatter. Mais ſa bonne
conduite, ſon adreſſe, ſa politique ingé-
nieuſe à tout ménager & à tout prévoir, lui
font demeurées : & elle ſurmonte ſans peine
les plus grands obſtacles, elle ſe ſoûtient
avec moins de richeſſes, mais avec autant
de dignité.

IV. La ville d'Amſterdam paroît aujour-
d'hui remplacer Alexandrie & Véniſe, par
l'étenduë de ſon commerce. Quoiqu'elle ne
produiſe rien de ſon propre fonds, & que,
comme dit Grotius, les quatre élemens n'y
ſoient qu'ébauchés, cependant elle ſupplée
par ſon induſtrie à tout ce qui lui manque,
elle ne laiſſe rien à déſirer. Il n'y a point au
monde une ville plus riche ni plus abondan-
te : il n'y a point de productions de la nature, ni d'ouvrages de l'art, ni de marchandiſes de quelques païs que ce ſoit, ni de drogues propres à la médecine & à la teinture,
ni de ſingularités de Phyſique & de Chy-
mie, ni de ces bagatelles que les curieux ai-

ment

ment tant, dont ſes magaſins ne ſoient remplis. Et loin que chacun ait le droit de mettre le taux à ce qui lui appartient, aux marchandiſes qu'il a fait venir, il eſt obligé de
ſuivre un tarif général qui apprécie les choſes à peu près ſur le pied où elles doivent
être. La véritable équation du commerce,
pour parler le langage des Géométres, eſt
l'abondance ou la rareté de ce qu'on préſente au public, de ce qu'on expoſe en ven-
te, multipliées par le beſoin que l'on en a,
ou par la demande que l'on en fait. A tout
prendre, plus il y a de demandeur d'une
denrée ou d'une marchandiſe, quelle qu'elle ſoit, plus cette denrée & cette marchandiſe prennent faveur, plus le prix en augmente. Mais on doit auſſi veiller continuellement à ne point trop augmenter la quantité de la denrée ou de la marchandiſe, parce que la demande en ſeroit affoiblie, &
qu'elles tomberoient en quelque maniére
dans l'aviliſſement. Le but d'un commerce
bien réglé & bien conduit eſt de faire enſor-
te que le nombre des demandeurs ſurpaſſe
toujours la quantité demandée ; afin que le
crédit ſe ſoutienne & que le public ne ſoit
point raſſaſié.

J'ajou-

J'ajouterai ici qu'une des merveilles d'Am-
sterdam , c'eſt que dans le ſein même de l'o-
pulence,le luxe eſt ignoré ; j'entens ce luxe
qui va à braver ſes concitoyens , & à les
ébloüir par une vaine oſtentation de richeſſes mal employées. La magnificence y eſt
reſervée pour les bâtimens publics ; le particulier ſe contente de l'agréable & du commode. Les Magiſtrats n'y traînent point
après eux une ſuite pleine de faſte , leur
probité les diſtingue aſſez.

Le pere n'y a point le fol orgueil de placer ſes fils dans un rang , où à peine daigne-
roient-ils l'avoüer pour leur pére. Perſonne
en un mot ne rougit d'être de la même condition & du même métier , que ſes ancêtres.
Ainſi les liaiſons,les correſpondances,les ſe-
crets , les fortunes ſolides ſe perpétuent , &
le commerce qui a élevé les familles , les
maintient , ſi même il ne les éleve point encore davantage.

V. Mais ce qui doit être regardé comme
un chef d'œuvre, comme une merveille en
cette matiére , c'eſt la ville d'Ormus bâtie à
l'entrée du ſein Perſique. L'eau douce ſi néceſſaire à tous les beſoins de la vie , y manque abſolument ; on ne voit dans ſes environs ,

rons, ni fontaine ni ruiſſeau, qui fertiliſe le païs ; il n'y croît point d'arbres qui puiſſent donner de l'ombre, ni garantir de l'ardeur du Soleil ; le terrain ne paroît qu'un monçeau de ſel & de ſoufre, dont l'air eſt impregné & qui le rendent extrêmement âcre & nuiſible à la ſanté ; en un mot, tout y eſt brûlé par une chaleur continuelle, & d'autant plus importune que rien ne s'offre pour en défendre. Cependant cette ville eſt une des plus opulentes & des plus délicieuſes de tout le monde ; c'eſt en quelque maniére le centre de la volupté, à laquelle le goût Aſiatique & un climat chaud ne mettent que trop d'aſſaiſonnemens. On juge bien que cela ne peut venir que de ſa ſituation, qui la rend, pour ainſi parler, & l'entrepos & l'aſile commun de tous les marchands de l'Orient. Ils y viennent en foule à de certains moins de l'année avec leurs Commis & leurs facteurs, tant pour ſe rendre compte des anciennes affaires, que pour s'en ménager de nouvelles ; & dans ce conflit de projets & d'idées, dans ce concours de gens de toute eſpéce, le plaiſir ne ſauroit manquer de leur paroître, & la récompenſe des peines qu'ils ont priſes, & l'attrait de celles

qu'ils

qu'ils doivent encore prendre.

Auffi, lorfque la faifon approche où ces marchands doivent fondre à Ormus, la ville change-t-elle entiérement de face. On couvre toutes les rues de tentes impénétrables au Soleil : on pare de cabinets de la Chine & de porcelaines le dedans des maifons : la verdure même y femble plus belle qu'ailleurs. Des chameaux arrivent continuellement avec de l'eau douce, & avec toutes les provifions de table, tous les rafinemens de bonne chére, qu'on peut fouhaiter & qu'on trie exprès. Ce que l'Afie a de plus diftingué en Comédiens, en Saltimbanques, en gens occupés à divertir les autres, fe précipite de tous côtés à Ormus. Enfin, rien n'y manque de tout cet attirail gracieux que la volupté méne à fa fuite, attirail qui lui prêtant chaque jour un air de nouveauté, empêche qu'on ne s'en laffe & qu'on ne s'en dégoute.

Quand un pays malgré la nature qui l'avoit oublié cherche par le fecours de l'art à s'en dédommager, cette efpèce d'opulence lui réuffit prefque toujours : & plus elle eft curieufe & favamment traitée, plus elle a quelque chofe de vif & de piquant. La

rai-

raifon en eft que ceux qui vont acheter au loin une d'enrée ou une marchandife qui manque à leur Patrie, & dont ils fe flattent d'être utilement récompenfés, choififfent toujours ce qu'il y a de meilleur. Car les fraix de voiture & de tranfport étant les mêmes, les rifques & les périls du voyage fe trouvant à peu près égaux, le premier achat devient au fond l'objet le moins confidérable. En voici une preuve finguliére. On rapporte que Leon X. Charles-Quint, François I. & Henri VIII. avoient tous leur propre maifon en Champagne dans Ay, ou proche d'Ay, pour y faire plus voluptueufement leurs provifions de vin. Cette recherche ne leur paroiffoit point incompatible, ni avec les foins du gouvernement, ni avec le férieux des affaires, ni avec la dignité de la Religion & du Thrône. Mais je fuis perfuadé que François I. quoiqu'il aimât les plaifirs avec autant de vivacité & de rafinement, que le Pape, l'Empereur & le Roi d'Angleterre étoit cependant le plus mal fervi. Les étrangers connoiffent non feulement mieux que nous, les principales productions du Royaume, ils en tirent encore un meilleur parti, que nous ne favons le faire

re

re nous-mêmes. Souvent, ils nous renvoyent ces productions apprêtées à leur maniére, &, ce qui surprendra davantage, c'est qu'ainsi déguisées, elles acquiérent à nos yeux un nouveau mérite. En général, les François se manquent à eux-mêmes. Ils ne sont touchés que des arts agréables, des arts qui flattent leur goût pour la volupté, & leur indolence tout ensemble. Du reste, ils ne profitent ni de la fertilité de leurs terres, ni de l'abondance de leurs mines, ni de la vaste étenduë de leurs forêts, ni de la facilité qu'il y auroit à joindre les unes aux autres, les différentes riviéres qui arrosent le Royaume.

Mais en quoi nous paroissons le plus nous manquer à nous-mêmes, c'est dans le choix des hommes, c'est dans la connoissance de leurs talens & de leur génie, c'est dans la maniére de les appliquer utilement à ce qui leur convient le mieux. Tout fourmille en France, tout est plein de gens oisifs, & que l'oisiveté expose chaque jour aux plus grands excès. L'argent d'ailleurs est presque le seul mobile qui rémue aujourd'hui toute chose. Sans lui, on ne peut parvenir à aucune place qui soit de quelque distinc-

diſtinction : & il faut ſe réſoudre à languir dans l'obſcurité, ſi l'on n'a les moyens d'acheter des honneurs, ſoit à la guerre, ſoit dans le Barreau, ſoit même à la Cour. Auſſi la plûpart des grands poſtes ne ſiéent-ils point à ceux qui les occupent, & les déparent en même tems. Mais ces poſtes viennent-ils à vaquer, c'eſt encore un nouvel embarras de les remplir, & le public eſt toujours ſurpris d'y voir monter des gens auxquels il ne penſoit point.

E R R A T A.

pag. 7. *lign.* 21. on a reconnu en France, *liſez* on a reconnu l'utilité &c.

. . . . . *lign.* 24. dont elle, *liſez* dont la France

pag. 8. *lign.* 14. qu'il, *liſez* qu'elle

pag. 122. *reclame* Tu- *liſez* quoique